Die Schule des Verhandelns

Mark H. McCormack war Teilhaber einer Anwaltskanzlei in Cleveland, als er, einer lebenslangen Passion für Golf folgend, damit begann, den damals unbekannten Arnold Palmer zu repräsentieren. Eine große Zahl berühmter Sportler aus dem Golf- und Tennissport folgten. McCormacks Innovationen in den Bereichen Marketing, Lizenzerteilung und TV-Programmgestaltung trugen dazu bei, dass aus dem Sport ein großes Geschäft wurde.

In Amerika gehört McCormack zu den einflußreichsten Männern des Sports, und in Großbritannien wählte ihn die *Sunday Times* zu einem von 1000 Menschen, die das zwanzigste Jahrhundert entscheidend mitgeprägt haben. Die Firma, die er gründete, die International Management Group (IMG), verfügt über 67 Büros in 26 Ländern und beschäftigt fast 2000 Angestellte. IMG repräsentiert so unterschiedliche Organisationen wie zum Beispiel Wimbledon, die Nobel-Stiftung und die Olympischen Spiele. Mark McCormack ist der Autor einer Reihe von Bestsellern, darunter *Was Sie an der Harvard Business School nicht lernen*.

Mark H. McCormack

Die Schule des Verhandelns

Campus Verlag
Frankfurt / New York

Die Originalausgabe erschien 1995 unter dem Titel »Mark H. McCormack on Negotiating« bei Century Ltd.

Deutsche Übersetzung von Hans Kray

Die Deutsche Bibliothek – CIP-Einheitsaufnahme

MacCormack, Mark H.:
Die Schule des Verhandelns / Mark McCormack. [Dt. Übers. von Hans Kray]. – Frankfurt/Main : Campus Verlag, 1997
Einheitssacht.: Mark H. McCormack on negotiating ⟨dt.⟩
ISBN 3-593-35786-0

Umschlaggestaltung: Atelier Warminski, Büdingen
Satz: Typo Forum Gröger, Singhofen
Druck und Bindung: Friedrich Pustet, Regensburg
Gedruckt auf säurefreiem und chlorfrei gebleichtem Papier.
Printed in Germany

Inhalt

Einführung
Nur der Mensch verhandelt

Ich bin nicht ganz sicher, welche Sprache Delphine, Schimpansen und wilde Tiere verwenden, um ihre Differenzen beizulegen. Es scheint mir möglich, dass jedes Lebewesen eine Geheimsprache besitzt, um Angebote und Gegenangebote zu unterbreiten, um Fragen zu stellen, die verdeutlichen, was jemand wirklich wert ist, um sich auf halbem Wege zu einigen, um hoch zu reizen oder niedrig, um Einwände auszuschlagen und sie in Vorteile umzukehren – um also jegliche Strategie auszuführen, die Sie in diesem Buch finden werden.

Aber nur der Mensch hat den Verhandlungsprozeß bis zu diesem Grad formalisiert. (Welche andere Kreatur verwendet Memos, Bestätigungsschreiben und Verträge, um eine Verhandlung zu besiegeln?)

Nur der Mensch verhandelt als Alternative zur Anwendung bloßer Gewalt. (Für alle anderen Wesen ist die bloße Gewalt das Wesen der Verhandlung.)

Nur der Mensch schafft Gesetze und Verfahrensweisen darüber, wie wir miteinander sprechen sollten, wenn wir etwas wollen, was der andere hat. (Ich zweifle, ob selbst die am weitesten entwickelten nichtmenschlichen Lebensformen sich sehr viel darum den Kopf zerbrechen, Vereinbarungen zu treffen, Gesprächsordnungen festzulegen und zu bestimmen, wer den ersten Entwurf schreibt.)

Ich schreibe dieses Buch nicht, um den Geschäftsmann und die Geschäftsfrau als verhandelnde Person zu glorifizieren. Es geht nicht darum, die ausgeklügelten Extreme zu rühmen, zu denen alle von uns fähig sind, um unsere Differenzen beizulegen.

Im Gegenteil, ich will einfach nur sagen, dass das Verhandeln im Geschäftsleben häufig schwieriger ist, als es sein müßte. Wir machen es so schwierig – weil wir darauf bestehen, dass jeder bestimmten Regeln zu folgen hat, weil wir von veralteten Voraussetzungen ausgehen, weil wir die Position des anderen überschätzen oder zu sehr an unserer eigenen festhalten und vor allem, weil wir zu viel Vertrauen in herkömmliches Wissen setzen (was immer das auch bedeuten mag!).

Einst stellte mich ein Freund einem Publikum in einem College vor, weil man mich gebeten hatte, dort eine Rede zu halten. Er sagte: »Es ist leicht, den Rat zu verstehen, den Herr McCormack gibt, wenn Ihnen klar wird, dass er mit der Prämisse beginnt, dass alles, was Sie wissen, falsch ist!«

Ich bin nicht sicher, ob mein Freund hundertprozentig Recht hatte, aber es gab mir ein gutes Gefühl. Ich bin von Natur aus weder ein Kontrahent noch ein Rebell, um des Rebellierens willen, noch ein Verrückter, der sich über jegliche Konventionen hinwegsetzt. (Tatsächlich werden Sie entdecken, dass dieses Buch dem traditionellsten Wert, den es gibt, hohen Vorrang gibt: Am Ende muss jede Verhandlungsentscheidung von der goldenen Regel geleitet sein: »Was du nicht willst, das man dir tu, das füg auch keinem anderen zu.«)

Aber ich bin überzeugt davon, dass vieles von dem, was heute als raffiniertes oder hartes Verhandeln gilt, nichts weiter ist als unüberlegtes Reagieren auf Situationen, die wir vermeintlich schon einmal erlebt haben. Ich glaube vielmehr, dass jede Verhandlungssituation, egal wie häufig ein Déjà-vu-Gefühl dabei auftaucht, in gewissem Sinne neu und nicht vertraut ist. Man muss neue Elemente herausfinden, damit der Verhandlungsvorgang selbst nicht veraltet und vorhersehbar wird. Es wird eine unkonventionelle Antwort verlangt, selbst wenn sie nur wenig von der alten abweicht. In diesem Sinne mache ich mich schuldig, an die Prämisse zu glauben, »dass alles, was Sie wissen, falsch ist«. Ich rufe mir das jeden Tag ins Gedächtnis. Das »Sie« bezieht sich vor allem auch auf mich.

Die zwei wiederkehrenden Themen

In diesem Buch geht es zum einen immer wieder darum, alles zu hinterfragen. Ich vertrete bei einer Verhandlung einen gesunden Skeptizismus gegenüber allen Regeln, Zahlen und Vermutungen. Das ist die geeignete Antwort auf die Tatsache, dass trotz äußerlicher Offensichtlichkeit des Gegenteils keine zwei Verhandlungen dieselben sind. Was Sie vor zwei Wochen noch erfolgreich angewendet haben, funktioniert heute nicht. Es gibt viel zu sagen über Beständigkeit im Geschäftsleben, aber nicht beim Verhandeln. Beständigkeit macht Sie berechenbar. Berechenbarkeit bedeutet, dass ein Gegner, der ein gutes Auge hat, Ihren Stil erkennen kann. Und die Tatsache, einen besonderen Stil oder ein bestimmtes Muster zu haben, kann sich häufig nachteilig für Sie bemerkbar machen.

Das andere wiederkehrende Thema ist, im großen Maßstab zu denken. Ich will die Leute immer wieder dazu ermahnen, bei jedem größeren Verhandlungspunkt das Beste herausholen zu wollen. Genauso wie die meisten Menschen sich bei Verhandlungen wohl fühlen, die einen vertrauten Eindruck machen, denke ich, dass die meisten auch allzu gerne den Mittelweg suchen. Extreme Positionen – ob es dabei darum geht, einen unglaublich hohen Preis zu verlangen oder ein Angebot zu machen, das beleidigend niedrig ist – geben ihnen ein unbehagliches Gefühl. Aber zur Mitte hin zu verhandeln heißt, sich auf halbem Wege zu einigen; das können schon Vierjährige. Es erfordert nur sehr bescheidene Verhandlungskenntnisse (die Sie hier nicht lernen werden).

Zwei Dinge sind für Ihre Haltung beim Verhandeln wichtig: Hinterfragen Sie alles und denken Sie im großen Maßstab.

Woher ich komme

Sie können mit Recht fragen, wer ich eigentlich bin, um über »Die Schule des Verhandelns« zu dozieren.

Ich gebe keine Kurse über die Kunst des Verhandelns. Ich leite keine täglich in den Veranstaltungsräumen großer Hotels stattfindenden Programme, wo ich dann »32 Wege zum perfekten Deal« auf einem Overheadprojektor aufliste oder das Publikum in kleine Gruppen aufteile, wenn ich sie durch gespielte Verhandlungssituationen führe.

Auch verhandle ich keine Multimilliarden-Dollar-Fusionen von Unternehmen oder irgendwelche Finanzabschlüsse, über die Sie auf der Titelseite Ihrer Zeitung lesen können. Diese Megaabschlüsse scheinen mir reichlich surreal zu sein. Wenn Verhandelnde ihre Gebote munter um 750 Millionen Dollar oder gar 1 Milliarde erhöhen, dann verhandeln sie in einer Währung, zu der ich nur schwer eine Beziehung aufbauen kann. Ich komme nicht umhin zu denken, dass sie mit Spielgeld verhandeln, das gewöhnlich von einer Bank geliehen wurde oder von Anteilseignern stammt. Es würde mich mehr beeindrukken, wenn das Geld aus der Tasche der Verhandelnden selbst käme.

Meine einzige Verhandlungsreferenz ist, dass ich ein Sportmarketingunternehmen leite, mit dem ich vor 35 Jahren in Cleveland, Ohio, mit einem Grundkapital von 500 Dollar begann und das International Management Group heißt.

Wir vertreten Hunderte bekannter Athleten wie Arnold Palmer (meinen ersten Kunden), Jackie Stewart, Jean-Claude Killy, Björn Borg, Chris Evert, Alberto Tomba und Andre Agassi. In den letzten Jahren haben wir auch die Vertretung von Musikern wie Itzhak Perlman und James Galway übernommen.

Wir organisieren Veranstaltungen wie das Toyota World Match Play in Wentworth, ein José-Carreras-Konzert in Singapur, das Detroit-Grand-Prix-Autorennen, »Jesus Christ Superstar« in Sidney oder die Dubai Snooker Classics.

Wir vertreten die Nobelstiftung und haben geholfen, die kommerziellen Interessen von Wimbledon und des Royal and Ancient Golf Club of St. Andrews voranzubringen.

Unser Fernseharm, die Trans-Word International, hat die internationalen Übertragungsrechte für Sportereignisse wie die Olympischen Spiele, die Welt- und Europameisterschaften im Eiskunstlauf, die National Football League, alle wichtigen Tennis- und Golfmeisterschaften und das 24-Stunden-Rennen von Le Mans. Das Unternehmen ist außerdem der weltgrößte unabhängige Produzent von Sportprogrammen.

Ich habe persönliche Dienstleistungen und Endorsement-Geschäfte für unsere Klienten auf allen Kontinenten ausgehandelt. Da unser Unternehmen größer geworden ist, habe ich auch mit Immobilienmaklern über mehr Büroraum in London verhandelt, mit Angestellten über ihr Gehalt und mit unergründlichen japanischen Managern von Fernsehgesellschaften über Sportprogramme. In fast jedem Fall, ob es dabei um 1000 Dollar oder um 400 Millionen ging, betrachtete ich die Einsätze als enorm – weil ich mit dem Geld meiner Kunden oder meinem eigenen arbeite.

Im Jahre 1984, als ich mein erstes Buch *Was Sie an der Harvard Business School nicht lernen* schrieb, hatte IMG 500 Angestellte in 19 Büros in der Welt, die mehrere Hundert Millionen Dollar Umsatz erzielten. Heute haben wir fast 2000 Angestellte und 67 Büros in 26 Ländern, und die Einkünfte haben die Grenze von 1 Milliarde überschritten. Wir haben offensichtlich in der Zwischenzeit einige erfolgreiche Verhandlungen geführt.

Bevor ich »Die Schule des Verhandelns« zu schreiben begann, beobachtete ich den Wettbewerb. Die guten Bücher über das Thema öffneten mir die Augen für eine neue Welt des Verhandlungsjargons wie zum Beispiel BATNA (die beste Alternative zu einer Verhandlungsübereinkunft) und »Bogey« (und ich habe immer gedacht, das wäre ein Schlag aus dem Golfsport, doch für Verhandlungstheoretiker ist es jedes vorstellbare Gerät, das dazu benutzt wird, die andere Seite zu bedrohen). Die Bücher waren voll von hypothetischen Situationen, klugen Erweiterungen der Spieltheorie, spannenden Geschichten aus Magazinen und Zeitungen und Fabeln, die Weisheit vorgaukelten.

Die treffendste Geschichte, auf die ich stieß (von William Urys forschem, aber nützlichem *Schwierige Verhandlungen* erzählt von einem Mann, der seinen drei Söhnen 17 Kamele überließ. Dem ältesten gab er die Hälfte, dem mittleren ein Drittel und dem jüngsten ein Neuntel. Als die drei Söhne versuchten, das Erbe zu teilen, fanden sie keine Lösung, weil 17 nicht durch zwei, drei oder neun teilbar ist. Die drei Söhne baten eine weise, alte Frau um Rat, die ihnen sagte: »Schaut mal, was passiert, wenn Ihr mein Kamel dazu nehmt.« So hatten sie 18 Kamele. Der älteste nahm die Hälfte, also neun. Der mittlere ein Drittel, also sechs, und der jüngste ein Neuntel, also zwei. Das machte zusammen 17. Sie hatten ein Kamel übrig und gaben es der alten Frau zurück.

Diese Geschichte zeigt deutlich, was es bringen kann, wenn man eine Situation aus einem anderen Blickwinkel heraus betrachtet. Das einzige Problem dabei ist, dass ich niemals um Kamele verhandelt habe und auch keinen Menschen im Dromedarhandel kenne. Das Erbe in eine Hälfte, ein Drittel und ein Neuntel aufzuteilen klingt eher nach einem Folterplan, einem mathematischen Rätsel, denn einem Verhandlungsprinzip, das man verfolgen könnte.

An den Verhandlungsbeispielen, die Sie in diesem Buch lesen werden, waren ich oder unser Unternehmen auf irgendeine Weise beteiligt. Das sind keine Fabeln oder hypothetische Annahmen oder Ausschnitte aus einer verblichenen Zeitung. Sie sind real. In einigen Fällen ist unsere Seite dabei der Held. In anderen sehen wir nicht so brillant aus (ich zitiere diese Beispiele trotzdem, damit Sie meine Fehler nicht wiederholen).

Drei Vorbehalte zu diesem Buch

Zuerst sollte ich den Unterschied von Verhandeln und Verkaufen erklären. Wie jeder Verkäufer weiß, gibt es eine äußerst feine Trennlinie zwischen Verkaufen und Verhandeln. In vielen Situationen gibt es überhaupt keine Trennlinie. Sie verhandeln über Bedingungen für Ihr Produkt oder Ihre Dienstleistungen, und zur gleichen Zeit versuchen Sie, ein Interesse für dieses Produkt oder diese Dienstleistungen zu wecken. Bei einem Preis ist der Kunde interessiert, bei einem anderen nicht. Ist das nun Verhandeln oder Verkaufen, wenn man daran arbeitet, das Interesse des Kunden und Ihre Preisvorstellungen zusammenzubringen? Das ist schwer zu sagen. Für dieses Buch lassen Sie uns darin übereinkommen, dass Verhandeln das Endspiel des Verkaufsprozesses ist. Verkaufen ist der Prozeß, Kunden herauszufinden, zu ihnen vorzudringen, ihre Aufmerksamkeit und ihr Interesse für unser Produkt oder unsere Dienstleistung zu wecken und sie schließlich davon zu überzeugen, in diesem Interesse zu handeln. (Darüber schreibe ich in einem Ergänzungsband mit dem Titel *Die Schule des Verkaufens*). Verhandeln ist der Prozeß, bei dem es darum geht, die besten Bedingungen zu erzielen, wenn die andere Seite damit begonnen hat, nach ihrem Interesse zu handeln.

Zweitens gib es bei Verhandlungen immer zwei Seiten: den Verkäufer und den Käufer. Weil ich meinen Lebensunterhalt damit verdiene, zu verkaufen, habe ich in diesem Buch die Betonung auf die Verkaufsseite gelegt. Nicht, dass die Käuferseite weniger wichtig ist, aber ich glaube, dass Verkaufen mit mehr Druck verbunden ist. Wenn Sie Käufer sind, können Sie eine Verhandlung immer verlassen und auf einen anderen Tag warten. Ein Verkäufer hat diesen Luxus nicht. Ein Verkäufer, der nichts weiter tut, als wegzugehen, wird möglicherweise seine Geschäftsgrundlage verlieren.

Drittens habe ich manchmal meine früheren Bücher als Popkorn beschrieben. Wie eine Tüte Popkorn können Sie irgendwo hineingreifen und einen Brocken finden, auf dem Sie dann herumkauen. Dieses Buch ist anders. Es beginnt mit den elementaren Werkzeugen des Verhandelns und führt Sie beständig zu immer fortgeschritteneren Techniken. Das heißt, es sollte vom Anfang bis zum Schluß durchgelesen werden. Sie können Seite 162 aufschlagen und lesen, wie wir eine Rekord-Auktion in Schottland veranstalteten. Aber die Strategien, die wir dabei verwendet haben, wirken nachhaltiger, wenn Sie das vorher besprochene Material durchgearbeitet haben.

Mit diesen Vorbehalten im Kopf wollen wir beginnen.

Kapitel 1

Was Ihnen zur Verfügung steht

Was ist Talent bei einem Verhandlungsführer?

Die meisten Trainer haben eine ziemlich genaue Vorstellung davon, was Talent bei einem Athleten bedeutet. Sie schauen auf Grundeigenschaften wie Schnelligkeit, Stärke, Ausdauer, Koordination von Augen und Händen, Anmut, schnelle Reflexe. Danach schauen sie auf die selteneren Qualitäten eines Champions: Widerstandsfähigkeit, perfektes Sehvermögen und nicht greifbare Eigenschaften wie Selbstvertrauen, mentale Stärke und Killerinstinkt. Selbst ein nur am Rande aufmerksamer Sportfan kann sportliches Talent entdecken.

Das ist nicht viel anders bei Chefs, die nach Verhandlungstalenten Ausschau halten. Sie brauchen einfach ein Auge für die richtigen Attribute. Ein talentierter Verhandlungsführer weist folgende Eigenschaften auf:

1. Er muss nicht geliebt werden

Es macht einen Unterschied, ob man von der anderen Seite geliebt wird oder geliebt werden muss.

Wenn Sie andere dazu bekommen, Sie wegen Ihrer Intelligenz, Ihres Charmes, Ihrer Ehrlichkeit oder Ihrem Sinn für Humor zu lieben, dann ist das eine Stärke. Wenn die andere Seite die Wahl hat, dann gibt sie leichter nach, wenn sie Sie sympathisch findet.

Geliebt werden zu müssen ist eine Schwäche, vor allem wenn die Befriedigung dieses Bedürfnisses Sie zwingt, Verhandlungspunkte zu opfern. Menschen, die geliebt werden müssen, sind leicht verführbar. Sie lassen lieber Geld auf dem Tisch zurück, als das Risiko einzugehen, die andere Seite zu kränken. Talentierte Verhandlungsführer lassen sich niemals von ihrer persönlichen Freundschaft beeinflussen, wenn es um Standhaftigkeit bei einem Thema geht. Sie wissen, dass es hier nur ums Geschäft geht.

Wen hätten Sie lieber als Verhandlungsführer für Ihre Angelegenheiten? Einen, der sich nicht darum kümmert, was die andere Seite über ihn denkt, oder einen, der sich Gedanken darüber macht?

2. Er kann Wettbewerb und Konflikte tolerieren

Beim Golf ist Steve Ballesteros dafür bekannt, andere zu verwirren. Er ist häufig weit ab vom Tee, kann dann aber Schläge aus unmöglichen Entfernungen improvisieren, um Birdies zu erzielen oder das Par zu retten. Nur wenige Profis verfügen über sein Improvisationstalent.

Dasselbe gilt für das Verhandeln. Viele Leute kommen nicht klar, wenn eine Diskussion eine 90-Grad-Wendung nimmt oder die Themen auf dem Tisch außer Kontrolle geraten. Sie sind so sehr in ihrer Position verhaftet, dass sie gar nicht gewahr werden, dass sich die Umstände mitten in einer Verhandlung verändern können und alle bisherigen Vereinbarungen in Frage stellen. Ein talentierter Verhandlungsführer weiß, wie man kämpft und kann improvisieren.

Ich habe Verhandlungen erlebt, wo es um eine Serviceleistung eines unserer Klienten ging, als plötzlich rivalisierende Zweit- und Drittangebote auf dem Verhandlungstisch lagen. Als Vertreter des Klienten begrüße ich diese Art von Störung. Wettbewerb bedeutet immer ein besseres Geschäft für meinen Klienten.

Aber manchmal überraschte mich die Antwort der ursprünglichen Verhandlungspartei. Es zeigt sich dann, dass manche Menschen diese Art von Chaos und Wettbewerb in einer Verhandlung nicht tolerieren können. Sie können nicht kämpfen. Anstatt die sich verändernde Verhandlungslandschaft zu akzeptieren und eine Antwort zu improvisieren, verharren sie stur auf ihrer Position – und müssen dann zusehen, wie ihnen einer ihrer Rivalen den Abschluß vor der Nase wegschnappt.

3. Er besitzt Integrität

Integrität bei einem Verhandlungsführer ist dasselbe wie Beständigkeit bei einem Athleten. Andere Menschen benötigen Zeit, um zu begreifen, wie wichtig das ist. Aber es ist trotzdem ein Talent, denn wenn Sie für Ihre Integrität bekannt sind, dann wird die andere Seite sehr viel geneigter sein, Ihnen entgegenzukommen. Sie könnten sich auf Zahlungsbedingungen ausruhen oder sich zusätzliche Themen für einen günstigeren Termin setzen. Wenn Integrität nicht Ihre starke Seite ist, werden Sie Schwierigkeiten bekommen, die andere Seite an den Tisch zu kriegen.

4. Er muß nicht die klügste Person im Raum sein

Die klügste Person im Raum ist nicht notwendigerweise der beste Verhandlungsführer. Tatsächlich könnte die klügste Person der schlechteste Verhandlungsführer sein; besonders, wenn sie denkt, sie besitze alle Antworten, und es folglich vernachlässigt, die richtigen Fragen zu stellen.

Vor einer Verhandlung rufe ich mir immer wieder ins Gedächtnis, jeden größeren Punkt so zu verhandeln, als ob ich von Null anfangen würde. Ich behaupte nicht, in bestimmten Bereichen klug zu sein, wenn ich es nicht bin, und bin auch gerne bereit, in bestimmten Bereichen unwissend zu erscheinen, wo ich mich wirklich auskenne.

Wenn die andere Seite bestimmte Themen für selbstverständlich hält, weil »es immer so gemacht worden ist«, fordere ich die Tradition heraus. Es ist erstaunlich, was für ein günstiges und definitiv ungewöhnliches Ergebnis erzielt werden kann, wenn man die andere Seite bittet, die Gründe für eine Standardklausel zu erläutern.

Das Schöne daran, nicht immer der Klügste sein zu müssen, ist, dass es die andere Seite aus dem Gleichgewicht bringt. Sie wissen nicht, was Sie tatsächlich wissen, so dass sie Ihnen häufig mehr Pfiffigkeit zutrauen, als Sie tatsächlich besitzen.

Ein Basketballtrainer aus dem College erzählte mir einmal, wie er einen Basketballstar aus der Highschool engagiert hatte. Nachdem er ihn bei einem ungewöhnlich guten Meisterschaftsspiel beobachtet hatte, besuchte der Trainer den jungen Mann und seinen Vater zu Hause. Der Trainer erklärte die Anforderungen für ein volles College-Stipendium und bot ihm ein Teilstipendium an. Der junge Mann und sein Vater sagten kein Wort.

Obwohl der Trainer schon häufig über solche Stipendien mit vielen raffinierten und habgierigen Eltern und Spielern verhandelt hatte, brachte ihn die Ruhe durcheinander. Er hatte von einem 17jährigen nicht erwartet, so hart zu sein. Er verbesserte also sein Angebot und bot ihm ein volles Stipendium. Später erfuhr der Trainer, dass das Schweigen kein Verhandlungstrick gewesen war. Der Junge war schüchtern und sein Vater naiv. Für sie war das ursprüngliche Angebot so großzügig, dass sie gar nicht wußten, was sie sagen sollten.

5. Er wird alles verhandeln

Ein Athlet kann ein einzigartiges Talent für Tennis haben, aber wenn er Tennis nicht mag, wird er es nie zu etwas bringen. Dasselbe gilt für die Verhandelnden. Sie mögen alle genannten Attribute besitzen, aber wenn sie nicht gerne verhandeln, werden sie immer dem unterliegen, der es gerne tut.

Der beste Verhandlungsführer, den ich kenne, ein ungeheuer

erfolgreicher Unternehmer, betrachtet alles als verhandelbar. Er verwendet denselben Enthusiasmus und dieselbe Sorgfalt, egal ob er wegen einer Armbanduhr verhandelt oder ob es um seine Multi-Millionen-Dollar-Abschlüsse geht. Ich habe mit ihm zusammen zu Abend gegessen und erlebt, wie er den Preis für einen Aperitif und eine Vorspeise aushandelte. Ich kenne niemanden sonst, der das tut. Ich bin überzeugt, er kann nicht anders.

Aber das ist das größte Talent für einen Verhandlungsführer. Für ihn ist Verhandeln ein Sport, den er liebt. Wie ein Athlet tut er es ständig und kommt nie außer Form.

Ein guter Verhandlungsführer muss nur in einer Beziehung gut sein

Ich habe im vorigen Kapitel gesagt, dass der perfekte Verhandlungsführer folgende Attribute besitzen sollte:

- fehlerloses Gespür für Menschen
- starken Wettbewerbsdrang
- untadelige Integrität
- den Blick für das Große
- ein Auge für das entscheidende Detail.

Interessant ist für mich hierbei, dass ich nicht allzu viele Menschen kenne, die all diese Eigenschaften besitzen – und doch kenne ich eine ganze Reihe von guten Verkäufern und Verhandlungsführern. Sie sind nicht in allen Dingen »perfekt«; in vielen Fällen liegen sie nur leicht über dem Durchschnitt. Aber über die Jahre habe ich festgestellt, dass große Verhandlungsführer eine Sache gemein haben: Trotz ihrer verschiedenen Mängel besitzt jeder von ihnen eine besondere Stärke – und weiß, wie er sie anwenden kann.

Vor einigen Jahren machte ich Geschäfte mit zwei Abteilungsleitern eines großen Unternehmens. Auf dem Papier konnten sich diese beiden Abteilungsleiter nicht ähnlicher sein. Sie besaßen dieselbe Stellung, denselben Titel und waren beide gleich lange im

Unternehmen. Ihre Abteilungen waren von gleicher Größe und erzeugten mehr oder weniger dieselben Gewinne. Beide Männer besaßen Köpfchen, Substanz und Integrität – das machte sie zu potenten Verhandlungsführern.

Doch im Verlaufe mehrerer Besuche neigte ich immer stärker dem einen zu, denn er war unendlich viel freundlicher als der andere. Er würde mit mir arbeiten, um ein Problem zu lösen, und nicht gegen mich. Ich bekam nie das Gefühl, dass wir Gegner sind. Kurz und gut, seine größte Stärke als Geschäftspartner war seine sympathische Ausstrahlung. Man hatte Lust, ihn immer und immer wieder zu treffen, was für seinen Kollegen überhaupt nicht galt.

Eine sympathische Ausstrahlung ist kaum das charakteristische Merkmal für einen großen Verhandlungsführer. (Es gibt viele sympathische Leute, nicht alle sind fähige Verhandlungsführer. Tatsächlich ist sogar oft das Gegenteil der Fall.) Aber in diesem Fall, wo ansonsten alles gleich war, machte seine sympathische Ausstrahlung ihn zum Ersten unter Gleichen.

Ich denke, jeder von uns hat ein bestimmtes Talent oder einen Persönlichkeitszug, der uns beim Verkaufen oder Verhandeln helfen kann. Der Schlüssel liegt darin, diese Qualität in uns zu entdecken – und zum Tragen kommen zu lassen. Hier sind sechs Wesenszüge, jeder davon kann einen durchschnittlichen Verhandlungsführer zu einem großartigen machen.

1. Geduld

Geduld kann eine Tugend sein, aber beim Verhandeln ist sie eine Waffe von unschätzbarer Macht. Ich sehe das immer wieder in unserem Unternehmen. Die Ausübung von Geduld kann aus einer mittelmäßigen Transaktion eine großartige machen. Fehlende Geduld kann Ihnen Ihre Gewinnspanne zerstören.

Wir hatten einst einen leitenden Angestellten, der vor allem durch seine Ungeduld auffiel. Er liebte es, Geschäfte abzuschließen. Er konnte keinen Raum verlassen, ohne einen Abschluß getätigt zu haben. Er war von Natur aus nicht in der Lage, auf ein neues Treffen zu warten, selbst wenn das Warten ein Vorteil sein konnte. Folglich ging er schneller mit dem Preis runter. Er nahm lieber 10 Dollar, um sein Geschäft abgeschlossen zu haben, als auf 50 zu warten oder gar um 100 zu kämpfen. Er machte viele Abschlüsse, aber nur wenige brachten auch einen wirklichen Gewinn.

Sein Nachfolger war das genaue Gegenteil. Er war nicht schüchtern, wenn es darum ging, um mehr Geld zu bitten, und hatte keine Angst, aus dem Zimmer zu gehen und einen Monat zu warten. Er hatte die Geduld, auf das dritte oder vierte Gespräch zu warten, wenn sich die Bedingungen verbesserten und die Angebote attraktiver wurden. Er machte nicht so viele Geschäfte, aber seine Abschlüsse waren bedeutend profitabler als die seines Vorgängers.

Wenn Sie besser warten können als die andere Seite, können Sie auch normalerweise besser verhandeln.

2. Klarheit

Manche verwenden Verwirrung als Verhandlungswerkzeug. Sie überschütten die andere Partei mit einem wahren Gewitter von Schlagworten und Sprüchen, um diese Person zu blenden. Wahrscheinlicher ist es aber, dass die andere Seite im Grunde gar nicht mehr weiß, wem oder was sie nun zustimmen soll.

Im Gegensatz dazu gibt es andere, deren Stärke darin besteht, sich klar und bündig auszudrücken. Sie können ein Konzept in einem Absatz erläutern, wo andere mehrere Seiten benötigen. Sie sind keine klassischen Verhandlungsführer in dem Sinne, dass sie feindlich eingestellt sind oder gar versuchen, die andere Seite zu beeindrucken oder zu kränken. Sie sind weder glatt noch theatralisch. Ziemlich häufig halten sie sich selbst gar nicht für Verhandlungsführer oder Verkäufer. Sie bauen ihre Dinge einfach logisch und schnell auf und sind damit verständlicher. Folglich sind sie damit weit überzeugender und bestimmender, als sie es sich vorstellen.

Wenn Sie nichts weiter von sich sagen können, als dass Sie eine besondere Fähigkeit haben, Dinge mitzuteilen, dann können Sie ein sehr guter Verhandlungsführer sein.

3. Details beherrschen

Häufig ist bei einer Verhandlung die Person am überzeugendsten, die über die größte Erfahrung und Detailbeherrschung verfügt.

Es gibt zum Beispiel in unserem Unternehmen einen leitenden Angestellten, den ich für fast jede Transaktion im Marketingbereich als unsere Geheimwaffe betrachte. Wenn wir mit einem Unternehmen über die Sponsorenschaft für ein Golfturnier sprechen, achte ich immer darauf, dass er zum Verhandlungs- und Verkaufsteam gehört. In einer typischen Verkaufssituation bringe ich häufig den Ball ins Rollen und schlage die Förderung einer Golfveranstaltung vor. Eine unserer Führungskräfte für den Verkaufsbereich sagt dann vielleicht: »Hier sind alle Marketingkonzepte, mit denen man ein Golfturnier durchführen kann...« Im weiteren Verlauf der Diskussion erfahren wir, dass das Unternehmen an bestimmten Punkten wissen will, wie es denn nun erkennen kann, ob die Investition in den Golfsport ihm hilft, mehr Produkte zu verkaufen oder mehr Kunden zu erreichen. Das ist dann der Moment für den Verhandelnden, seine Detailbeherrschung zu beweisen. Er zeigt der anderen Seite, wie mittels 14 Möglichkeiten die Effektivität des Turniers eingeschätzt werden kann. Wenn er über spezielle Netzplantechniken und die anderen Dinge spricht, an denen man den Einfluß einer solchen Veranstaltung messen kann, dann sieht man fast immer, wie sehr die andere Seite von der möglichen Wirkung beeindruckt ist. Sie denken, »Mensch, wenn wir all diese Information aus einer Veranstaltung bekommen können, dann sollten wir die Veranstaltung machen!«

Obwohl dieser Mitarbeiter nicht wirklich verkauft oder verhandelt, würde der Kunde ohne seinen Beitrag wahrscheinlich nicht kaufen.

Wenn Sie einen bestimmten Bereich besser beherrschen als

andere, dann sind Ihre Verhandlungsfähigkeiten wahrscheinlich auch besser als die der anderen.

4. Verwaltungstechnische Fähigkeiten

Verwaltungstechnische Fähigkeiten sind ebenfalls eine Waffe bei Verhandlungen.

Ein anderer leitender Angestellter in unserem Unternehmen kümmert sich besonders um verwaltungstechnische Fragen und Ausgaben. Er ist gut darin. Er denkt viel darüber nach. Sein Verhandlungsstil besteht darin, in jedem Geschäft die echten Dollars zu suchen. Wo ein weniger guter Mann davon sprechen würde, dass wir 50 000 Dollar aus einem Verkauf herausholen, ohne zu realisieren, dass das Ganze in der Umsetzung 51 000 Dollar kostet, würde er die Kosten genauestens festlegen, bevor er über den Preis redet. Er verwendet seine verwaltungstechnische Erfahrung und arbeitet rückwärts, um herauszufinden, wie aggressiv er beim Preis sein muss.

Wenn Sie besser als alle anderen Kosten bestimmen können, dann haben Sie auch einen Verhandlungsvorteil.

Was für Sie unbedeutend sein mag, mag für die andere Seite um so bedeutender sein

Wenn jede Verhandlung aus bedeutenden und weniger bedeutenden Verhandlungspunkten besteht, dann liegt die größte Ironie darin, dass es normalerweise die unbedeutenden Dinge sind – technische Details, scheinbar unschuldige Klauseln oder verschrobene Wünsche –, die das Geschäft zunichte machen können. Deshalb rate ich unseren Verkäufern und Anwälten immer, nicht nur auf die unbedeutenden Sachverhalte in einer Verhandlung sehr genau zu achten, sondern sich auch zu fragen, warum die andere Seite so sehr darauf besteht. Der bloße Akt, jeden unbedeutenden

Punkt zu hinterfragen, kann Ihnen sehr viel über die Absichten der anderen Seite erzählen und Ihnen viel Ärger ersparen.

Vor ein paar Jahren machte ich an einem neuen Veranstaltungsort in Europa ein Video von einem meiner Bücher. Dort hatten sich die Golf- und Fernsehabteilungen unseres Unternehmens zusammengetan, um ein Golfturnier zu organisieren und zu übertragen. Es schien eine kluge und gleichzeitig kosteneffiziente Sache zu sein, da die Filmcrew und ich gezwungen waren, mehrere Tage an diesem Ort zu bleiben.

Der Besitzer dieser Anlage mochte die Idee und stimmte sogar zu, uns ein Honorar dafür zu bezahlen, dass wir auf seinem Besitz ein Video produzierten. Er sah darin eine gute Gelegenheit, für den Veranstaltungsort zu werben. Als Gegenleistung würden wir die Anlage in einem attraktiven Licht darstellen, ihn auch im Abspann erwähnen und ihm 100 kostenlose Kopien vom fertigen Produkt überlassen.

Für uns war es am wichtigsten, ein angemessenes Honorar zu bekommen, um unsere Produktionskosten zu decken. Für den Besitzer war es am wichtigsten, dass die Anlage im Video gut herauskam und von Tausenden von Leuten in der Welt gesehen wurde.

Als wir den Vertrag vorbereiteten, verlangte der Besitzer eine Klausel, die uns verpflichtete, ihm ein 1-Inch Master Tape des fertigen Videos für seinen internen Gebrauch zu liefern. Das schien ein merkwürdiger Wunsch zu sein. Warum wollte der Besitzer eines Golfplatzes ein Master-Tape? Was wollte er mit einem 60-minütigen Gespräch von mir anstellen? Wir forcierten das Thema nicht. Schließlich schien es kein Problem zu sein, die Kopie eines Master-Tapes zu verschicken.

Wir machten das Video, inklusive der geforderten Szenen von den Örtlichkeiten im Schlußabschnitt, und sandten das Master-Tape ordnungsgemäß an unseren dortigen Kontakt. Ein paar Tage später rief uns der Besitzer an. Er mochte das Video, war aber von den filmtechnischen Aufnahmen enttäuscht. Es war einfach zuwenig drin, was er herausschneiden konnte, um es für ein eigenes Werbevideo über seine Anlage zu verwenden.

Es stellte sich heraus, dass diese unschuldige Master-Tape-Klausel für ihn eine bedeutende Sache war. Er hoffte darauf, dass wir während unserer Dreharbeiten kilometerweise Material über die Anlage filmen würden, womit er dann seinen eigenen professionellen Werbefilm zusammenbauen konnte.

Wenn wir das gewußt hätten, hätten wir seine Anlage von jedem erdenklichen Winkel heraus gefilmt und ihm viel mehr Material geliefert, als er je hätte brauchen können. Die Kosten, die wir dabei gehabt hätten, wären zu vernachlässigen gewesen. Aber wir wußten es nicht, weil ihn niemand gefragt hatte, warum er diese scheinbar unwichtige Klausel im Vertrag haben wollte. Wenn wir gefragt hätten, dann hätten wir gewußt, worum es ihm eigentlich ging, und hätten dafür etwas tun können, etwas, was unsere Beziehung weiter gefestigt hätte, statt sie ernsthaft zu gefährden.

Was eigentlich eine einfache, schnell ausgearbeitete Vereinbarung zu beider Nutzen sein sollte, bekam völlig unnötigerweise einen bitteren Nachgeschmack. Und es war unser Fehler, nicht seiner.

Denken Sie daran, wenn Sie das nächste Mal verhandeln. Lassen Sie sich nicht so sehr von den bedeutenden Verhandlungspunkten, zum Beispiel dem Verkaufspreis, den Zahlungsbedingungen oder Ihrem Honorar, ablenken, dass Sie die unbedeutenden Punkte, die harmlos erscheinen oder gar seltsam, übersehen. Bei den unbedeutenden Punkten leuchten keine roten Warnlampen auf, die Sie darauf aufmerksam machen sollen, diese sorgfältig zu prüfen. Aber recht häufig sollte dies eigentlich geschehen.

Halten Sie dagegen, wenn die andere Seite angreift

Ich habe immer die Theorie unterstützt, dass ich am liebsten eine Person auf der anderen Seite des Verhandlungstisches sehe, die ein Freund ist, ein Entscheidungsmensch, der nicht nur mag, was ich vorschlage, sondern mir auch helfen will, die Widerstände innerhalb meiner oder seiner Organisation zu überwinden. Das ist der perfekte Kunde. Einer, der sich nicht nur in meinen Vorschlag einkauft, sondern ihn auch innerhalb seines eigenen Unternehmens verkauft (manchmal mit mehr Enthusiasmus als ich).

Leider besteht die Welt nun mal zum größten Teil aus nicht perfekten Kunden.

Das sollte niemanden überraschen. Kunden sind Menschen. Sie verhalten sich nicht 100 Prozent der Zeit außerhalb einer Verhandlungssitzung perfekt. Warum sollten sie dann während einer solchen Sitzung die ganze Zeit über solide Charaktere sein?

Aber es gibt Möglichkeiten, um mit einer feindseligen, unperfekten Welt zu verhandeln.

1. Bleiben Sie im Spiel

Mit einem wirklich schwierigen Kunden zu verhandeln ist wie ein Tennismatch gegen einen sehr starken Gegner. Der Schlüssel zum Erfolg ist, im Spiel zu bleiben. Es gibt keine Uhr, keine Zeitbegrenzung. Solange Sie den Matchpunkt nicht verloren haben, können Sie gewinnen. Ihr Gegner verliert vielleicht seinen Rhythmus oder seine Konzentration. Vielleicht wird er müde, während Sie ihren zweiten Aufwind erleben. Ich habe genug 5-Satz-Spiele erlebt, bei denen der Gewinner die ersten beiden Spiele verloren hatte, um zu wissen, dass das wahr ist.

Wichtig ist, dass Sie sich nicht selbst zerstören, weil die andere Seite eine überraschend aggressive Haltung an den Tag legt. Lassen Sie sich nicht einschüchtern, wenn Ihre Verhandlungspartner persönlich werden – im Laufe eines Lebens werden Sie vielen widerlichen Leuten begegnen, mit denen Sie Geschäfte machen. Konzentrieren Sie sich auf Ihre Ziele und bleiben Sie im Spiel.

Vor einigen Jahren verhandelte ich mit einem Manager von Marlboro in der Schweiz. Dieser Mann sagte all die Dinge, die gesagt werden mussten: dass er an unserem Unternehmen interessiert ist und mit uns zusammenarbeiten will. Er vereinbarte Treffen und erschien nicht. Wenn er erschien, tat er nicht, was er vorgab, tun zu wollen. In unseren Augen war er der absolute Verlierer.

Der normale Impuls wäre bei so einem Kunden, so schnell wie möglich das Weite zu suchen – um sich Zeit und viele Frustrationen zu sparen. Innerhalb unseres Unternehmens heißt es dann: »Vergeßt den Marlboro-Mann. Er ist Zeitverschwendung.«

Aber ich war jung und verstand nicht, was er tat. Ich schlug eine andere Richtung ein. Ich verfolgte ihn durch ganz Europa, um ihn zu treffen. Ich fuhr dann zurück, weil er mir all diese tollen Versprechungen gemacht hatte (und sich später davon distanzierte) und ich ihm glaubte. Es funktionierte nie. Er kaufte mir niemals etwas ab.

Aber meine Hartnäckigkeit zahlte sich aus. Er verließ Marlboro schließlich, und wir waren immer noch im Spiel.

2. Behalten Sie Ihr Minimum für sich

Jedes Geschäft hat ein Minimum, die minimalen Bedingungen, die man akzeptiert, um eine Transaktion zum Abschluß zu bringen.

Behalten Sie dieses Minimum für sich. Wenn, in einer durch eine feindselige Haltung geprägten Verhandlung, die andere Seite Ihr Minimum kennt, warum sollte sie mehr als das bezahlen?

Anstatt mein absolutes Minimum zu offenbaren, ist es in einer hin und her gehenden Verkaufssituation viel effektiver, deren absolutes Maximum zu ermitteln.

Die meisten Verkäufer haben Angst, sich damit auseinanderzusetzen, wieviel Geld sie genau verdienen. Für mich ist es ein sehr guter Weg, wenn ich mit einem Kunden zu tun habe, der mich im Preis drücken will, zu sagen: »Schauen Sie mal, wir müssen einen Gewinn erzielen. Wir wollen keinen unvernünftig hohen Gewinn erzielen. Aber wir haben unsere Unkosten, unsere Gehälter. Genau wie Sie. Hier sind die dafür benötigten Kosten und hier die Gewinnspanne, die wir erzielen müssen.«

Wenn Sie mit den Leuten fair und korrekt umgehen, werden sie Sie häufig überraschen – und Ihnen auch zahlen, was Sie verdienen.

3. Es ist nicht immer der Preis

Der Preis, das ist gemeinhin akzeptiert, ist die häufigste Quelle für einen Streit in einer Verhandlung. Aber er ist selten der Grund dafür, dass ein Kunde schwierig wird und beginnt, Sie anzugreifen.

Wie oft ist es schon vorgekommen, dass Sie und ein Kunde über den Preis Einigung erzielt hatten und der Verkauf trotzdem nicht zustande kam – weil Ihr Zeitplan mit dem seinen nicht übereinstimmte, wegen der Person, die für das Projekt zugewiesen war, oder einer übergeordneten Person, die den Handel ablehnte, oder was auch immer.

Häufig können Sie dann nichts tun. Das ist eben Pech. Wenn aber, meiner Erfahrung nach, ein Kunde innerhalb einer Verkaufssituation unvernünftig wird, dann gewöhnlich nicht wegen des Preises. Es ist der Preis und noch ein weiterer Grund.

In unserem Geschäft als Sport-Marketing-Berater ist es häufig so, dass Widerstände gegen unsere Vorschläge nur daher rühren, dass die Idee von uns und nicht vom Käufer kommt.

Nehmen wir den Fall, dass wir eine Idee für eine Sportveranstaltung haben und ein Unternehmen ansprechen, um dabei mitzumachen. Wir bieten an, die Veranstaltung ins Leben zu rufen, zu produzieren und zu vermarkten. Wir helfen dem Unternehmen, seine Gewinne zu maximieren.

Häufig stellt sich dann heraus, dass wir mit unseren Vorschlägen genau die Person bedrohen, der wir unsere Vorschläge verkaufen wollen. Vielleicht ist sie ehrgeizig und möchte uns die Kontrolle nicht überlassen. Vielleicht denkt sie, wir kommen als die Sportexperten und lassen sie dann im Vergleich schlecht aussehen oder machen sie gar überflüssig. Vielleicht leidet diese Person dann unter dem »Nicht-hier-erfunden-Syndrom« und ärgert sich darüber, dass es eine gute Idee ist, die aber von ihr hätte kommen müssen.

Ich kenne die Gründe für solche Widerstände nicht. Aber ich weiß, dass es oft wichtiger ist, den Kunden gut aussehen zu lassen, als den richtigen Preis zu bekommen. Und Sie werden dies nicht herausfinden, indem Sie gleich zurückschlagen, wenn der Kunde gereizt wird. Sie lernen es, wenn Sie sich einfach zurücklehnen und ihm zuhören. Zuhören kann etwas sehr Überzeugendes sein.

4. Seien Sie flexibel

Als allgemeine Regel kann man sagen: Je bestimmter der Kunde in seinen Forderungen ist, desto flexibler sollten Sie sein. Wenn man Sie also von 100000 Dollar auf 80000 Dollar herunterdrücken will, dann können Sie antworten: »Wie wäre es, wenn Sie weiter die 100000 Dollar bezahlen, wir aber dieses und jenes noch hinzugeben?« Ein Verkäufer, der seine Kunden kennt und ihnen neue und wertvolle Elemente anbieten kann, die ihn nichts kosten, wird immer seinen gewünschten Preis erhalten.

5. Suchen Sie nach »Dealmakern« – und nicht nach »Dealbreakern«

Es gibt eine Theorie, die besagt, dass für jede Konzession, die Sie gegenüber einem fordernden Kunden machen, Sie etwas zurückbekommen sollten. Ich stimme dem bis zu einem gewissen Grad zu, aber nicht, wenn es den Verkaufsprozeß in ein zeitraubendes »Wie-du-mir-so-ich-dir-Spiel« zwingt. Möglicherweise hat einer von Ihnen einen Grund, um den Abschluß zunichte zu machen.

Ich benutze das Wort Dealbreaker selten in einer Verkaufssituation (es sei denn, ich will, dass die andere Seite geht). Ich ziehe Dealmaker vor, denn das zwingt die andere Seite, mitzuziehen.

Wenn ich eine größere Konzession mache, dann erwarte ich, dass der Deal damit zum Abschluß gebracht wird. Ich glaube sehr an die Taktik zu sagen: »Ich mache das, aber das muss den Deal dann auch bringen«.

Wenn ich also für ein Projekt 95000 Dollar fordere, und Sie bleiben stur und bieten nur 82000 Dollar und bestehen darauf, dass ich noch dieses und jenes hinzugebe, dann könnte ich dem zustimmen, wenn Sie eindeutig sagen, dass damit der Deal gemacht ist.

Der Vorteil dieser Taktik ist ihre Endgültigkeit. Sie zwingt nicht nur einen harten Kunden, ein Zugeständnis zu machen, sondern bremst ihn auch aus, wenn er immer mehr Konzessionen fordert.

Verraten Sie ihnen niemals, was Sie nicht tun würden

Ich traf mich mit Führungskräften eines langjährigen Kunden, als der Besitzer des Unternehmens sich an einen seiner vertrauensvollen Helfer wandte, um ihn zu fragen, wie eine spezielle Verhandlung denn verlaufe.

Der Assistent antwortete, dass die andere Seite einige harte Forderungen stelle, und fügte hinzu: »Natürlich habe ich Ihnen gesagt, dass dies völlig aus der Luft gegriffen ist, wir werden solche Bedingungen niemals auch nur in Erwägung ziehen.«

Der Besitzer unterbrach ihn und schnaubte: »Erzählen Sie ihnen niemals, was Sie nicht tun würden! Je mehr Optionen Sie haben und je länger Sie sie für sich behalten können, desto besser ist Ihre Position.«

Der Besitzer brachte ein berechtigtes Argument vor. In der Tat war es so offensichtlich, man hätte gar nicht gedacht, dass er seine Leute daran erinnern müßte. (Es erinnerte mich an den Moment in dem Film *Der Pate*, als der Don seinem hitzköpfigen Sohn Sonny erzählt: »Erzähle niemals jemandem außerhalb der Familie, was du denkst.«) Als ich aber darüber nachdachte, fiel mir auf, dass Leute im Geschäftsleben diese Regel ständig übertreten, ohne es vielleicht zu merken.

Sie sagen: »Ich würde niemals mehr als 100000 Dollar dafür bezahlen« – wenn Sie wissen, dass sie mit einigen netten Zugaben sehr viel mehr bezahlen würden.

Sie sagen: »Ich werde nicht weniger als 100000 Dollar dafür nehmen« – was eine unangemessene Bemerkung ist, wenn sie wissen, Sie würden weniger nehmen, und es wäre ausgesprochen unverantwortlich, wenn Sie bereit wären, mehr zu bezahlen.

Sie sagen: »Ich werde niemals für diese Führungskraft arbeiten« – das schneidet völlig unnötig eine Karriereoption ab.

»Erzählen Sie niemals, was Sie nicht tun würden«, das ist die Umkehrseite eines Ultimatums. Und wir alle wissen, dass Ultimaten genauso oft nach hinten losgehen, wie sie funktionieren. Ultimaten können Diskussionen auf ein totes Gleis bringen. Sie sind potentielle Dealbreaker. Das ist, als ob Sie der anderen Seite die Tür vor der Nase zuschlagen und darauf hoffen, dass diese an die Tür klopft und darum bittet, noch einmal hereingelassen zu werden. Häufig werden Sie vergeblich darauf warten.

Meiner Erfahrung nach ist es so: Wenn jemand die Regel »Verraten Sie ihnen niemals, was Sie nicht tun würden« durchbricht, dann meist aus Schwäche oder fehlgeleitetem Ego. Die Regel wird meist von Menschen durchbrochen, die ihren eigenen oder auch den Wert ihres Produkts oder ihrer Dienstleistungen überschätzen. Sie sind aggressiv und schließen mehr Optionen aus, als dass sie welche schaffen.

Wir hatten einen Klienten, der ein Buch schreiben wollte. Glücklicherweise war er so sehr gefeiert worden, dass auch die internationale Verlagsgemeinschaft an ihm interessiert war. Das Problem bestand in seiner überzogenen Meinung über den Wert seines Buches. Seine Instruktionen an uns waren folgende: »Kommen Sie mir nicht mit einem 6stelligen Abschluß. Ich nehme keinen Vorschuß unter 1 Million Dollar.« Woher er diese Zahl bloß hatte? Vielleicht war es Zufall. Vielleicht hatte er gehört, dass einer seiner Rivalen diese Summe erhalten hatte. Vielleicht mochte er nur die runde Einfachheit von einer Million Dollar. Aber das hatten wir jetzt davon – viele machten sich über uns lustig.

Oft kann eine überhöhte Geldsumme ein enormer Ansporn für Kreativität sein. Es ist, als ob man »unmögliche« Verkaufsquoten festsetzt; die Leute kommen einem mit äußerst findigen Ideen, um sie zu erreichen. Aber hier war das nicht der Fall. Die besten Angebote, die wir kriegen konnten, waren nur halb so hoch. Der Kunde weigerte sich, den Deal auch nur in Erwägung zu ziehen. Egal, wie unrealistisch seine Erwartungen waren, er gab nicht nach. Was ursprünglich wie ein gutes Geschäft für uns aussah, starb buchstäblich auf dem Verhandlungstisch – und der einzige Grund dafür war Ego.

Es ist blanke Ironie, dass Menschen, die der Welt erzählen, was sie nicht tun werden, denken, dass sie damit ihr Vertrauen und ihre Stärke demonstrieren. Dabei beweisen sie damit zumeist nur ihre Unsicherheit und ihre Schwäche. Erinnern Sie sich daran, wenn Sie sich sagen hören: »Ich werde nicht weniger nehmen als ...« oder »Ich werde nicht mehr zahlen als ...« Sind Sie wirklich dazu bereit, Ihre Optionen auszuschließen? Was wie Draufgängertum klingen mag, erzählt der anderen Seite vielleicht etwas ganz anderes.

»Frühstücken wir in Wimbledon«

Hin und wieder finden Sie sich vielleicht in der unbehaglichen Position, keine Optionen zu besitzen.

Ein Kunde besteht darauf, dass er nur mit einer bestimmten Führungskraft in Ihrem Unternehmen zusammenarbeiten will, selbst wenn mehrere andere Führungskräfte dafür geeigneter und kompetenter wären.

Ein großer Kunde stellt solch schwerwiegende Bedingungen, dass Ihre Chancen auf ein Geschäft gleich null sind.

Ihr Chef gibt grünes Licht für ein wichtiges Projekt mit einer Bedingung: Sie müssen seinen Neffen als Subunternehmer mit dazunehmen.

Wie antworten Sie, wenn Ihnen die Hände gebunden sind oder Sie mit dem Rücken zur Wand stehen?

Manche Leute kämpfen. Sie akzeptieren die Bedingungen und tun dann alles, um zu demonstrieren, dass sie es Ihnen übelnehmen. Möglicherweise explodiert die Transaktion vor ihrer Nase.

Manche fliehen. Sie weigern sich, unter irgendwelchen anderen Bedingungen zu arbeiten als ihren eigenen – und verlieren damit konsequenterweise viele Möglichkeiten.

Die Erfolgreichen kämpfen und fliehen nicht. Sie akzeptieren die Situation und finden einen Weg, um sie zu ihrem Vorteil zurechtzubiegen.

Ich gebe Ihnen dafür ein Beispiel aus dem Bereich des Sportmarketing aus der jüngsten Vergangenheit.

Es ist schwer vorstellbar, dass es mal eine Zeit gegeben hat, als das Fernsehen nicht diesen riesigen Einfluß auf Sportveranstaltungen hatte – vor allem heutzutage, da das Fernsehen alles diktieren kann: wann die Spiele der World Series beginnen oder ein 100-Meter-Lauf bei den Olympischen Spielen, damit es im US-Fernsehen zur besten Sendezeit laufen kann.

Aber vor nicht allzu langer Zeit war es noch so, dass viele Sportveranstaltungen die Möglichkeiten, die das Fernsehen bot, ignorierten.

So war es auch bei unserem Kunden Wimbledon.

Leser, die jünger als 30 sind, werden sich nicht mehr daran erinnern, aber bis in die 80er Jahre endeten Golf- und Tennisturniere in Großbritannien niemals an einem Sonntag. Sonntag war der traditionelle Ruhetag, ein Feiertag mit religiösen Untertönen. Das Finale der British Open wurde am Samstag gespielt. Das Herrenfinale in Wimbledon fand immer am Samstag statt.

Als die Marketingmanager von Wimbledon die Gesamtbedeutung des Turniers erweiterten und unter anderem die Übertragungsrechte für die Meisterschaften in die USA verkauften, hätten wir uns des Verstoßes gegen das Berufsethos schuldig gemacht, wenn wir nicht darauf hingewiesen hätten, dass das eine kostspielige Tradition war.

Wir wußten, dass es am Sonntag ein viel größeres Potential an Zuschauern gab, weil einfach mehr Leute zu Hause waren. Wir mussten das Komitee von Wimbledon davon überzeugen, das Herrenfinale auf Sonntag zu verlegen, was nicht einfach war. In jeder den Sport regierenden Körperschaft gibt es immer eine Reihe von Puristen, denen das Fernsehen verdächtig ist, die sagen: »Das ist eine Sportveranstaltung. Das Fernsehen soll darüber berichten, aber es soll sie nicht kontrollieren.«

Schließlich gab das Geld den Ausschlag, das Herrenfinale am Sonntag auszutragen. NBC, der amerikanische Sender, bot X Dollar für ein Finale am Samstag und ein Vielfaches davon für ein Finale am Sonntag. Da das ganze Geld dafür verwendet werden sollte, das britische Tennis zu fördern, dauerte es nicht lange, bis Wimbledon und alle wichtigen Sportveranstaltungen in Großbritannien am Sonntag beendet wurden.

Ich war stolz auf die Rolle unseres Unternehmens in dieser Sache. Es war uns gelungen, einigen sehr konservativen Funktionären unsere Vorstellung von gesundem Menschenverstand nahezubringen. Wir hatten an einen großen Sender ein verbessertes Produkt für einen besseren Preis verkauft und halfen damit, Geld für das britische Tennis lockerzumachen. Unser Job war getan.

Aber drüben bei NBC fingen die Probleme gerade erst an.

Da hatte nun ein großer Sender zur richtigen Zeit eine riesige Investition getätigt, hatte enorme Mittel in das wichtigste Tennisturnier der Welt gesteckt – und die beste Zeit, da sie das Herrenfinale aus London senden konnten, war am Sonntagvormittag um 9 Uhr an der Ostküste, wenn die meisten Leute entweder noch schliefen oder sich gerade für den Kirchgang fertig machten oder ihre Zeitung lasen. Selbst Crashrennen und Moto-Cross hatten bessere Sendezeiten.

Ich habe die Lösung, die NBC für dieses Problem fand, immer sehr bewundert. In ihrer eigenen Art beweist sie, wie man reagieren soll, wenn einem die Hände gebunden sind.

NBC hätte das Endspiel aufzeichnen und ein paar Stunden zeitversetzt am Sonntagnachmittag senden können. Dann würden sie die größte Zahl potentieller Zuschauer ansprechen und würden ihre Werbeeinnahmen maximieren. Aber das wäre nur eine halbherzige Lösung. Die Endspiele würden nicht live gezeigt werden. So viel sie an Zuschauern und Werbeeinnahmen auch zulegen würden, sie würden es in puncto Spannung und Dramatik verlieren. Wenn Sie jemals ein Sportereignis verfolgt haben, das aufgezeichnet war, dann kennen Sie das leicht leere Gefühl, dass Sie das Radio anschalten oder jemanden anrufen könnten, um zu erfahren, wer gewonnen hat. Es wäre auch ein Schaden für die Glaubwürdigkeit von NBC gewesen. Man kann Wimbledon nicht ein besonderes Ereignis nennen und es dann wie jeden x-beliebigen Sonntagsfüller verspätet zeigen.

Eine etwas bessere Lösung wäre es gewesen, die Endspiele trotz der frühen Stunde live zu zeigen und darauf zu hoffen, dass die Tennisfans auch so zuschauen. Zumindest könnte man NBC nicht vorwerfen, mit der Spannung zu spielen. Das Problem dabei wäre, dass NBC damit die Situation nicht hätte maximieren oder ihre Investitionen hätte wieder reinbekommen können.

Die eleganteste Lösung, auf die Don Ohlmeyer, der ausführende Produzent von NBC Sports, kam, bestand aus drei einfachen Worten: »Frühstück in Wimbledon«.

Damit warb NBC für die ungewöhnliche Sendezeit. In der besten Tradition à la »Wenn du eine Zitrone hast, mach Limonade daraus« verkehrte NBC ein offensichtliches Minus in ein Plus. Die Leute von NBC erzählten den Zuschauern: »Einen Sonntag im Jahr können Sie etwas anderes machen, wenn Sie aufwachen. Bleiben Sie zu Hause. Improvisieren Sie ein Frühstück. Laden Sie Freunde dazu ein. Machen Sie den Fernseher an. Entspannen Sie sich und schauen Sie sich etwas wirklich Besonderes an, etwas, das es wirklich verdient, Ihre normale Routine zu unterbrechen.« Die Sendung wurde zum Knüller.

NBC kämpfte nicht. Das heißt, sie jammerten nicht und beklagten sich nicht wegen einer Anfangszeit, die sie nicht verändern konnten.

Sie flohen auch nicht. Das heißt, sie wickelten nicht einfach die Meisterschaften ab, um sich dann zu verabschieden, als der Kontrakt auslief.

Das geschah vor zwölf Jahren. NBC nennt das Programm noch immer »Frühstück in Wimbledon«, und die Sendung wird jedes Jahr populärer.

Was ich an der Lösung von NBC am meisten bewundere, ist die Tatsache, wie wenig Anstrengung das Ganze gekostet hat. Sie mussten weder mehr Geld ausgeben noch die totale Sensation erfinden, um das Denken der Menschen umzulenken. Sie benötigten nichts weiter als drei Worte, die den offensichtlichsten Aspekt der Situation beschrieben.

Behalten Sie das im Gedächtnis, wenn das Leben Sie mit einer gefahrvollen Situation konfrontiert und Ihr erster Impuls es ist, zu kämpfen oder zu fliehen. Viel häufiger, als man annimmt, schaut einem die Antwort direkt ins Gesicht.

Lernen Sie, Druckmittel zu lieben

Druckmittel sind die geheimen Waffen bei Verhandlungen. Am wertvollsten sind sie bei Kunden, die mit ihren Zahlungen im Rückstand sind. Mit Versagern Geschäfte zu machen macht nie Spaß, aber das Problem stellt sich besonders im Dienstleistungsbereich. Wenn Sie jemandem einen Fernseher oder eine Wagenladung mit irgendwelchen Geräten verkaufen und er bezahlt nicht, dann gibt es immer einen faßbaren Vermögenswert, den Sie wieder in Besitz nehmen können.

Bei Dienstleistungen ist das nicht möglich. Wenn Sie einmal jemanden in den Genuß Ihres Talents und Ihrer Zeit gebracht haben, können Sie das nicht zurückbekommen.

Der erste Schritt, um bezahlt zu werden, ist, den Cash-flow zu schätzen wissen, das heißt, das Geld zu bekommen und es zu verwenden. Davon hängt es ab, wie Sie im Geschäft bleiben und dabei wachsen.

Wenn Sie das können, haben Sie es halb geschafft. Dann müssen Sie nur noch einige Lektionen im Gebrauch von Druckmitteln beachten.

Lektion 1: Wenden Sie ihre Druckmittel frühzeitig an

Der größte Fehler, den Menschen mit ihren Druckmitteln machen können, ist, sie nicht rechtzeitig einzusetzen.

Kunden, die ihre Rechnung nicht bezahlen, hinterlassen für gewöhnlich eine schmutzige Spur von Hinweisen. Ignorieren Sie diese nicht. Wenn Sie von anderen Lieferanten hören, dass ein Kunde spät zahlt, dann machen Sie sich nicht zum Narren und glauben, Sie wären derjenige, der dessen Gewohnheiten ändern könnte.

Wenn der Kunde eine fragwürdige Kreditgeschichte hat, dann seien Sie nicht schüchtern und verlangen Sie so viel Geld wie möglich im voraus. Der Kunde sollte darum bemüht sein, seine Glaubwürdigkeit wieder herzustellen – und Ihre Bedingungen zur Vorauszahlung zu erfüllen, ist der einzige Weg, dies zu tun.

Lektion 2: Versichern Sie sich Ihrer Druckmittel

In fast jeder Transaktion gibt es ein Druckmittel. Aber nicht immer sitzen Sie am Hebel.

Wir vertreten die internationalen Fernsehrechte für viele große und kleine Sportveranstaltungen. Folglich haben wir mit Dutzenden von ausländischen Fernsehsendern zu verhandeln, viele davon (besonders auch außerhalb der US-amerikanischen oder europäischen Grenzen) sind permanent säumige Zahler.

Folglich ist es für uns nicht ungewöhnlich, mit einem Sender Kontrakte über sechs Veranstaltungen zu haben. Zum Beispiel hat der Sender für die Senderechte der National Football League bezahlt, aber nicht für fünf kleinere Veranstaltungen. Am liebsten würden wir diesem Sender sagen: »Sie können die Rechte für die NFL nächstes Jahr erst dann erhalten, wenn Sie alles andere von diesem Jahr bezahlt haben.«

Aber diese Form von Druckmittel können wir nicht anwenden. Weil das Druckmittel gar nicht uns gehört. Es gehört der NFL. Es ist nicht möglich, unsere Rechnungen mit ihrem Punktezähler zu bezahlen.

Lektion 3: Eine Beschämung ist ein Druckmittel

Manchmal ist die einfache Drohung, dass Sie der Welt über die Zahlungsgewohnheiten eines Kunden berichten, effektiver als alle Ihre Rechnungen und Mahnungen zusammen.

Vor ein paar Jahren gab einer unserer Kunden seinen Namen für ein Computerspiel, das eine neue Softwarefirma erfunden hatte.

Die Gruppe wurde von drei Professoren einer großen Universität geleitet, die nebenher als Unternehmer arbeiteten.

Normalerweise würden wir in einem solchen Fall auf eine fast hundertprozentige Vorauszahlung pochen. Die Firma hatte weder bisherige Erfolge noch nennenswerte Einkünfte vorzuweisen. Das einzige, was für sie sprach, war ihre Verbindung mit der Universität, und wir scheuten uns nicht, diese auszunutzen.

Unser Klient nahm ein Drittel seines Honorars als Vorauszahlung und war äußerst kooperativ bei der Entwicklung und Förderung des Produkts. Er hielt sogar drei Reden vor den Studenten der Universität.

Leider vernächlässigte die Computergruppe die Zahlung des restlichen Honorars unseres Klienten. Nachdem er sich neun Monate lang ihre Entschuldigungen angehört hatte, nutzte er das einzige Druckmittel, das er hatte. Er schrieb dem Präsidenten der Universität und schilderte die Situation – dass er die Verpflichtung aufgrund der Zugehörigkeit des Professors zu einer angesehenen Institution eingegangen sei, dass er dreimal auf dem Campus umsonst gesprochen habe und dass er das Gefühl habe, ausgenutzt worden zu sein.

Bevor er den Brief zur Post gab, zeigte er ihn den Professoren. Mit anderen Worten, er drehte den Spieß um. Wenn sie schon den Namen der Universität verwendeten, um bessere Bedingungen von ihm zu erhalten, konnte er jetzt dasselbe tun.

Am nächsten Tag erhielt er einen Scheck über den vollen Betrag.

Die Kunst der Neuverhandlung

Ich spitze immer die Ohren, wenn ich von einem Mannschaftssportler höre, der unglücklich ist wegen eines langfristigen Vertrages. Sie kennen wahrscheinlich das Szenario: Ein Superstar unterzeichnet glücklich einen Fünfjahresvertrag über 20 Millionen Dollar; das sind 4 Millionen im Jahr, das macht ihn zu einem der reichsten Sportler in seiner Sportart. Nach zwei Jahren schaut sich der Sportler um und sieht, dass sich die Obergrenze für Spielergehälter um 50 Prozent erhöht hat. Seine Kollegen und einige, die nicht auf seiner Stufe stehen, unterzeichnen nun langfristige Verträge, die ihnen 6 oder gar 7 Millionen im Jahr bringen. Der Superstar ist neidisch und verletzt. Er erzählt jedem, der es hören will, dass ihm mehr zusteht. Er verlangt eine Neuverhandlung seines Vertrages.

Was ist falsch an diesem Bild?

Lassen wir mal die Tatsache beiseite, dass 4 Millionen im Jahr für die meisten Leute sehr viel Geld ist. (Das ist irrelevant, wenn die gängige Quote für Ihresgleichen 7 Millionen beträgt.)

Lassen wir die Tatsache beiseite, dass die meisten von uns glauben, dass ein Geschäft ein Geschäft ist, dass man lernt, mit einer Abmachung zu leben, auch wenn sie eher zugunsten des anderen ausfällt. Wenn der Superstar die ursprünglichen Bedingungen nicht mochte, hätte er den Vertrag nicht unterzeichnen sollen.

Lassen wir beiseite, dass es im allgemeinen dumm ist, Mißvergnügen über einen Vertrag gegenüber der Presse und der Öffentlichkeit zu äußern. Einen Vertragsstreit öffentlich zu machen, bringt viele ungewollte Einflüsse in die Verhandlung. Plötzlich wird alles, was Menschen tun und sagen in Angelegenheiten, die eigentlich privater Natur sind (beispielsweise die Höhe des monatlichen Gehalts), öffentlicher Kritik unterzogen. Ziemlich häufig verhandeln sie mit einem Auge auf den Vertragsbedingungen und mit dem anderen darauf, wie es bei den Kollegen ankommt.

Lassen wir diese Betrachtungen alle beiseite.

Das wirkliche Problem hier besteht darin, dass der ganze Prozeß der Neuverhandlung so ungehobelt behandelt wurde. Wenn es eine Kunst des Verhandelns gibt, dann gibt es auch die Kunst des Neuverhandelns. Das obige Szenario bricht sämtliche Regeln.

Regel 1: Verhandeln Sie neu, wenn alle glücklich sind

Die beste Zeit für Neuverhandlungen oder die Erneuerung eines Vertrages ist, wenn beide Parteien mit der Beziehung am zufriedensten sind. Das kann eine Woche nach der Unterzeichnung der Vereinbarung oder zwei Jahre innerhalb einer Fünfjahresfrist sein. Es gibt kein Gesetz, das besagt, dass man einen Vertrag zu jeder Zeit neu gestalten kann, bestimmt nicht, wenn es beide Seiten unbedingt wollen.

Die traurige Wahrheit jedoch ist, dass die meisten Menschen die Neigung haben, zur absolut schlechtesten Zeit neu zu verhandeln – wenn sie a) das Gefühl haben, über weniger Möglichkeiten innerhalb der Beziehung zu verfügen, oder b) wenn der Vertrag bald ausläuft und ihre Verhandlungsposition nicht gerade die beste ist.

Wann immer wir etwas Außergewöhnliches für einen unserer Klienten getan haben, dann bitte ich den Manager des Kunden eindringlich, die Ausdehnung des Repräsentationsabkommens mit dem Klienten zu diskutieren, selbst wenn dieses noch ein oder zwei Jahre läuft. Warum soll man warten, bis der Vertrag ausläuft? Der Kunde ist entzückt von uns; wir freuen uns, für ihn zu arbeiten. Das ist die beste Zeit, um unsere Beziehung zu bestätigen und auszuweiten.

Dieselbe Logik gilt bei einem Kunden, der gerade irgendwelche tollen Nachrichten gehört hat, die mit Ihrer Übereinkunft gar nichts zu tun haben mögen. Wenn eine »Klienten-Firma« gerade Rekordgewinne bekanntgegeben hat oder Ihr Vertrag bei dem Unternehmen gerade eine große Förderung oder einen Bonus erhalten hat, dann ist das eine gute Zeit, mit ihnen darüber zu sprechen, Ihre Übereinkunft auszuweiten. Angesichts des Erfolges dürften sie sehr entgegenkommend sein.

Regel 2: Bauen Sie Neuverhandlungen in Ihren Vertrag mit ein

Man will neu verhandeln, weil die Umstände sich ändern. Es ist viel einfacher, eine Neuverhandlung zu beginnen, wenn der Vertrag solche sich verändernden Umstände anerkennt und eine Überarbeitung der Bedingungen möglich macht.

Patrick Ewing, der elegante Center der New York Knicks, hatte eine Klausel, die ihn aus seinem Zehnjahresvertrag herausließ, wenn er in irgendeinem Moment nicht zu den vier höchstbezahlten Spielern der NBA gehörte. Das war das sportliche Äquivalent einer variablen Ratenbelastung mit keinerlei Risiko für Ewing. Wenn die Spielergehälter hochgingen und Ewing aus den Top Vier herausfiel, konnte er eine Neuverhandlung erzwingen, die sein Einkommen wieder anglich. Wenn die Gehälter runtergingen (was allen Gesetzen des Mannschaftssports zuwiderliefe), hatte dies überhaupt keine Auswirkungen.

Wann immer es möglich ist, versuchen wir, solche Angleichungen an die Lebenshaltungskosten in die Verträge mit einzubauen. Wenn ein junger Athlet glücklich ist, 10 Prozent Tantiemen aus dem Verkauf von Kleidung zu bekommen, die seinen Namen trägt, dann ist er zwei Jahre später, wenn er ein etablierter Superstar ist und die Verkaufszahlen ins Unermeßliche steigen, bestimmt nicht glücklich. Die 10 Prozent Tantiemen erscheinen dann plötzlich armselig. Unser Vertrag sollte diese potentielle Veränderung im Status des Athleten berücksichtigen. Wir können eine Neuverhandlung ansetzen, wenn der Absatz der Kleider eine bestimmte Zahl erreicht. Oder noch besser, wir können Neuverhandlungen vermeiden, indem wir die Tantiemenrate an die Absatzsteigerung koppeln.

Ein Vertrag, der Leistung anerkennt und belohnt, ist weniger umstritten und wahrscheinlich dauerhafter.

Regel 3: Suchen Sie weitere Interessenten

Es ist wesentlich leichter, eine Neuverhandlung zu erzwingen, wenn sie das Schreckgespenst anderer interessierter Parteien in die Diskussion mit einbringen können. Die andere Seite ist nicht gewillt, in einen Versteigerungskrieg mit neuen Wettbewerbern für Ihr Produkt oder Ihre Dienste zu treten. Ziemlich oft wird die andere Seite willens sein, einen Vertrag neu zu verhandeln oder auszuweiten (selbst wenn sie gesetzlich nichts dazu zwingt), einfach um solche Wettbewerber auszuschließen.

Vor einigen Jahren handelten wir in unserer Künstlerabteilung einen Exklusivplattenvertrag mit einem großen Label für einen jungen Violinisten aus. Die finanziellen Bedingungen waren nicht besonders beeindruckend, aber es war ein Fünfjahresvertrag für zwei Aufnahmen pro Jahr. Am Ende des Vertrages sollte der Violinist ein beeindruckendes Schaffen von 10 Aufnahmen haben, was in der Entwicklung eines jungen Künstlers der klassischen Musik ein wichtiger Aspekt ist.

Wie sich herausstellte, waren die ersten drei Aufnahmen des Violinisten sowohl bei der Kritik als auch beim Publikum große Erfolge, so dass zwei andere Plattenlabels uns anriefen und langfristige Angebote machten, die den Violinisten in die Lage versetzten, die Bedingungen zu diktieren. Gewöhnlich ist das kein Problem. Wenn die Zeit gekommen ist, veranstalten Sie eine Auktion und lassen den Preis für den Klienten ersteigern.

Doch aus Gründen der Kontinuität und des Prestiges war der Künstler nicht daran interessiert, zu einem neuen Label zu wechseln. Er war glücklich da, wo er war.

Natürlich erzählten wir das seinem Plattenlabel nicht. Nach zwei Jahren innerhalb des Fünfjahresvertrages teilten wir dem Label mit, dass andere Labels interessiert seien. Wir schlugen vor, dass sie vielleicht in Erwägung ziehen könnten, die Vereinbarung auszuweiten – mit besseren Tantiemen für den Künstler, größeren Budgets für die Aufnahmen und die Promotion, größerer Kontrolle für den Künstler über das Repertoire und die Wahl des Produzenten und so weiter. Mit den konkurrierenden Labels im Hintergrund war es relativ einfach, den Vertrag zu unseren Bedingungen auszuweiten. Und ich glaube, keine der Führungskräfte des Labels hatte das Gefühl, wir würden ihnen das Messer an die Kehle halten.

Regel 4: Machen Sie es sich nicht zu leicht

Dieser Rekordabschluß führt uns zu einem interessanten Punkt. Manchmal ändern sich die Umstände auf solch dramatische Weise zu Ihren Gunsten, dass man bei einer Neuverhandlung aus dem Vollen schöpfen kann. Das ist ein enormer Vorteil, aber es ist auch eine enorme Verantwortung. Den Wettbewerbsvorteil zu haben, bedeutet nicht immer, ihn verwenden zu müssen.

Ich erinnere mich, dass Arnold im Januar 1960 zustimmte, in Elwood City, Pennsylvania, für ein Honorar von 400 Dollar (anständiges Geld in jenen Tagen) einen Schaukampf zu bestreiten. Das war ein großes Jahr für Arnold. Im April gewann er sein zweites Masters-Turnier. In jenem Sommer gewann er auch seinen ersten US-Open-Titel. Eine Woche nach den Open rief mich ein Herr aus Elwood City an und sagte: »Das war ein großer Sieg für Arnold. Ich nehme an, Sie wollen sein Honorar für sein Erscheinen in unserem Club neu verhandeln.«

Ich muss sagen, ich war versucht, ihn wegen seines Angebots ein bißchen aufzuziehen. Die Leute kommen in der Regel nicht freiwillig, um das Honorar eines Klienten zu erhöhen. Aber Arnold hätte nichts davon gehabt.

»Das Honorar bleibt«, sagte er. »Diese Leute wollten mich, lange bevor ich die US-Open gewonnen habe. Das wenigste, was ich tun kann, ist, diesen Gefallen zu erwidern.« Von da an setzte Arnold fest, dass Elwood City für seine Zeit und seine Dienste immer weniger bezahlen musste als den üblichen Preis.

Bei einer Verhandlung ist der Grad zwischen dem Gebrauch von Macht und dem Mißbrauch von Macht sehr schmal. Manchmal hat man mehr davon, wenn man sich zurückhält.

Eine Notiz für Manager: Jeder ist ein Verhandlungsführer, alles ist verhandelbar

Als jemand, der seinen Lebensunterhalt damit verdient, Verkaufsverhandlungen zu führen, war ich immer von der Psyche der Menschen auf der anderen Seite – denen, die kaufen – fasziniert. Im Prinzip gibt es zwei Käufertypen.

Die einen bestehen darauf, alles zu verhandeln; für sie ist die

Preisliste nichts weiter als ein Bezugspunkt, eine absurde Grundzahl, die sie mittels Raffiniertheit, Ausdauer und guter Nerven zu senken versuchen.

Das zweite Lager besteht aus Menschen, die den Tarif nie in Frage stellen. Sie zahlen immer den verlangten Preis. Sie sind von Natur aus nicht in der Lage zu verhandeln. Ich bin nicht ganz sicher, warum sie so sind. Ich vermute, einige haben Angst, den Verkäufer zu kränken – als ob der Versuch zu verhandeln gleichbedeutend mit der Anklage wäre, seine Produkte oder Dienste für einen überhöhten Preis anzubieten. Oder sie haben das Gefühl, dass Verhandeln unter ihrer Würde ist, dass das Feilschen um jeden Pfennig sie als Person herabwürdigt. Sie wollen nicht, dass die anderen glauben, sie könnten sich den Listenpreis nicht leisten.

Das ist paradox. Als Kaufmann mache ich natürlich viel lieber mit der zweiten Gruppe Geschäfte. Mit Menschen zu verhandeln, die glauben, dass mein Preis in Ordnung ist, ist viel einfacher.

Als Arbeitgeber und Manager eines Unternehmens, wo jedes Jahr Millionen von Dollar an Kaufentscheidungen getroffen werden, ziehe ich jedoch Angestellte vor, die zur ersten Gruppe gehören. Es macht mir Angst, daran zu denken, dass einige meiner Mitarbeiter den vollen Preis für Produkte und Dienstleistungen bezahlen, die geradezu danach betteln, nach unten hin verhandelt zu werden.

Im Laufe der Jahre habe ich versucht, sicherzustellen, dass die Kaufentscheidungen unseres Unternehmens von Mitarbeitern getroffen werden, die das Verhandeln genießen. Und ich verlange von den eher schüchternen Typen, dass sie diesen begeisterten Verhandlungsführern nacheifern, und zwar mit einigen ganz einfachen Managementprinzipien.

1. Passen Sie Ihre Haltung an

Um ein eifriger Verhandlungsführer zu werden, muss man als erstes seine Haltung anpassen. Sie müssen noch einmal darüber nachdenken, was Sie für verhandelbar und was für nicht verhandelbar halten.

Es ist zum Beispiel tief in uns verwurzelt, mit bestimmten Leuten zu verhandeln und mit anderen nicht. Sie sollen mit einem Gebrauchtwagenhändler oder einem Händler auf einem Londoner Flohmarkt verhandeln. Jeder weiß das. Aber Sie verhandeln nicht in einem Restaurant. Wenn ein Filet Mignon 27 Dollar kostet, dann sagen Sie zum Ober nicht, ich zahle nur 24. Jeder weiß auch das.

Und doch: Was wäre, wenn Sie ein Geschäftsessen oder ein Hochzeitsfest für 32 Personen in diesem Restaurant veranstalten wollten, und Sie wollten dasselbe Filet Mignon als Vorspeise? Würden Sie 27 Dollar bezahlen? Oder würden Sie sagen: »Da ich Ihnen 32 Essen garantieren kann, geben Sie mir das Filet Mignon für 20 Dollar«? Die meisten würden nicht zögern, über den Preis zu verhandeln. Die einfache Tatsache, dass sie eine größere Menge kaufen, bringt sie darauf, dass sie ein Druckmittel haben, und zwingt sie, ihre Haltung zu ändern.

Als Käufer von Produkten und Dienstleistungen besitzt jedes Unternehmen irgendeine Form von Druckmittel. Es könnte die Größe des Auftrages oder intime Kenntnisse der Profitrate des Verkäufers sein, oder die Bereitschaft, sofort zu bezahlen, oder das Versprechen auf weitere Geschäfte. Es liegt im Interesse des Unternehmens, die Angestellten daran zu erinnern, dass diese Handelsspielräume existieren und aggressiv genutzt werden sollten.

2. Führen Sie Geschäftspraktiken ein, die Verhandlungen fördern

Manche Geschäftspraktiken können Leute zwingen, um einen besseren Preis zu feilschen.

Vor einigen Jahren zum Beispiel führten wir eine Geschäftspraktik ein, die drei konkurrenzfähige Gebote bei jedem Kauf verlangte, der 500 Dollar überstieg. Wir machten dies, weil wir feststellten, dass sich zwischen einigen unserer Angestellten und den Verkäufern, mit denen sie regelmäßig zu tun hatten, gemütliche Beziehungen entwickelt hatten. Und das traf uns am Saldo, weil niemand in unserer Gesellschaft die Verkäufer herausforderte, wenn sie ihre jährlichen Preiserhöhungen bekanntgaben.

Die Forderung nach konkurrenzfähigen Angeboten hat das geändert. Aber überraschenderweise hat es den Beziehungen zu unseren alten Verkäufern nicht allzu sehr geschadet. Wir machen mit den meisten von ihnen noch immer Geschäfte – aber zu einem Preis, der uns besser gefällt als ihnen.

3. Behandeln Sie gute Einkäufer als Helden des Unternehmens

Wenn ein Verkäufer in einem Unternehmen einen großen Abschluß tätigt, macht das innerhalb des Unternehmens schnell die Runde. Der Verkäufer wird als Held bejubelt, und häufig erhält er eine Belohnung.

Ich denke, dasselbe sollte mit Angestellten geschehen, die sehr gute Einkäufe tätigen.

Wenn ein Verwaltungsangestellter einen Pacht- oder Dienstleistungsvertrag aushandelt, der die Betriebskosten des Unternehmens um mehrere 100 000 Dollar im Jahr senkt, dann hat dieser Deal einen größeren langfristigen Effekt auf den Saldo als ein einmaliger Megaverkauf. Und doch bleibt diese besondere Verhandlungsanstrengung häufig unbemerkt und unbelohnt. Die meisten Unternehmen versenden keine Memos, in denen sie Jane Smith für den tollen Pachtvertrag bejubeln, den sie ausgehandelt hat. Zu kaufen wird nicht als heldenhaft betrachtet. Die Ehre, dem Unternehmen Geld gespart zu haben, kann sich mit dem Ruhm, Geld eingebracht zu haben, nicht messen.

Wenn Sie Mitarbeiter dafür ehren und anerkennen, gute Käufe getätigt zu haben, werden Ihre Angestellten nicht nur von ihnen lernen, sondern auch stolz darauf sein, dem nachzueifern.

4. Greifen Sie die kleinen Deals genauso wie die großen auf

Nicht jeder befindet sich in der Position, größere Abschlüsse verhandeln zu können. Aber für die kleinen braucht man genausoviel Köpfchen und Initiative.

Ich schaue regelmäßig die Verwaltungskosten unserer Büros in Manhattan mit unserer New Yorker Filialleiterin durch. Ihrer Meinung nach ist kein Punkt in einem Deal zu geringfügig, um nicht hinterfragt zu werden oder um dafür zu kämpfen.

Egal, ob wir uns in einem wirtschaftlichen Hoch oder Tief befinden, sie nimmt immer die Position ein, dass ein Unternehmen uns nicht nur will, sondern auch benötigt. Das macht es gewillter, Konzessionen einzugehen. Und alles ist ein faires Spiel.

Wenn sie meinte, dass es zuviel sei, einer Personalagentur eine Provision zu bezahlen, die 25 Prozent des Erstjahresgehaltes einer Sekretärin entspricht, stimmte die Agentur vielleicht einem Pauschalhonorar für jeden Mitarbeiter zu, den wir einstellen. Lektion daraus: Pauschalhonorare sind manchmal besser als Provisionen.

Als die Reinigungsfirma, die unsere drei New Yorker Bürogebäude in Ordnung hält, davor zurückschreckte, ihren Preis zu reduzieren, bat sie sie, unsere Firmenwohnung in den Abschluß mit einzubeziehen. Sie stimmten zu. Lektion: Für denselben Preis können Sie mehr an Dienstleistungen erhalten.

Als unser Kaffeelieferant sagte, es sei unmöglich, bessere Kaffeemaschinen zu liefern, sprach sie mit anderen Verkäufern – und siehe da, der Kaffeelieferant fand wie durch ein Wunder eine Möglichkeit, uns entgegenzukommen. Lektion: Das Unmögliche wird manchmal möglich, wenn Verkäufer hören, dass Sie sich anderweitig umsehen.

Als wir noch mehr Kopiermaschinen für unser Büro brauchten, bat sie den Verkäufer, den Preis pro Kopie zu verringern. Lektion: Die Erhöhung der Menge ist ein Ansatzpunkt für Neuverhandlungen.

Für sich genommen ist keiner dieser Deals lebensentscheidend für das Unternehmen. Aber nehmen Sie diese Haltung und multiplizieren Sie sie mit Dutzenden von Verkäufern, mit denen wir in jedem unserer 49 Büros arbeiten, und der wirtschaftliche Effekt ist erheblich.

Wenn es Ihnen außerdem gelingt, diese Haltung in Ihrer Firma zu verbreiten, wird dies einen positiven Effekt auf die Arbeit jedes einzelnen haben und nicht nur darauf, wie Einkäufe verhandelt werden.

Aber das wichtigste dabei ist, dass es das Unternehmen überhaupt nichts kostet, den Mitarbeitern diese Haltung einzuprägen. Als Investition bedeutet es nur Belohnung ohne das geringste Risiko.

Was Sie aus Verhandlungen mit ihrem Ehepartner lernen können

Wenn ich den idealen Verhandlungszustand aufbauen müßte, dann wäre das wohl die Verhandlungsbeziehung zwischen einem Ehemann und seiner Frau. Wenn man all die gemeinsamen Entscheidungen, die ein Ehepaar jeden Tag treffen muss, als Ergebnisse von Verhandlungen, die es miteinander führt, betrachtet, so ist die Partnerbeziehung vielleicht die effektivste Verhandlungssituation, die es in der Welt gibt. (Ich gehe davon aus, dass es sich dabei um eine relativ freundschaftliche, reife Verbindung handelt. Eine chaotische Ehe am Rande der Scheidung ist sicherlich die am wenigsten effiziente Verhandlungssituation.)

Ob es sich nun um kleine Dinge handelt, wie etwa, wer morgens als erster unter die Dusche geht, oder größere Dinge, wie, wohin man in Urlaub fährt: Ehepaare behaupten sich oder geben relativ streßfrei, manchmal sogar wortlos nach. Wir können viel über das Verhandeln lernen, wenn wir einfach die Bedingungen analysieren, die sie dazu zwingen, sich so zu verhalten. Die folgenden Bedingungen machen verheiratete Paare zu besseren Verhandlungsführern. Können Sie dieselben Bedingungen bei der Arbeit schaffen?

1. Paare müssen sich immer wiedersehen

Egal wie hitzig die Debatte geführt wird, ein Paar weiß genau, dass es sich wieder ins Gesicht sehen muss, wenn es sich zur Nachtruhe niederlegt. Allein dieser Fakt mäßigt die Härte ihrer Positionen. Wenn man weiß, dass man mit einer Person in der Zukunft wieder

Geschäfte machen muss, dann neigt man dazu, freundlicher zu sein und weniger gewillt zu kämpfen. Wenn man die Lust zu streiten heraushalten kann, ist das für jede Verhandlung gut.

Am Arbeitsplatz macht das Bewußtsein, dass man mit der anderen Seite in anderen Dingen wieder zusammenarbeiten muss, den einzelnen freundlicher und weniger drängend. Das ist gut. Menschen, die mit aller Macht darauf drängen, einen Deal abzuschließen, geben mehr auf, als sie sollten. Ihre Haltung zwingt sie zu mittelmäßigen oder gar schlechten Deals.

Die lockersten Verhandlungen habe ich immer mit Freunden, mit denen ich seit Jahren Geschäfte mache und mit denen ich weiterhin Geschäfte machen werde. Ein Teil davon ist sicherlich unsere Freundschaft. Wir kennen uns gut. Wir wissen, was wir suchen. Ein anderer Teil ist sicherlich die Tatsache, dass wir uns wiedersehen. Wenn der Deal für eine Seite keinen Sinn macht, können wir das Ganze verschieben oder auf eine neue Idee warten. Es ist besser, nichts zu tun, als sich auf eine einseitige Übereinkunft einzulassen. Das Wissen, dass wir beide nicht wollen, dass diese Ungleichheit beim nächsten Treffen über unseren Köpfen schwebt, macht uns zu klügeren, rationaleren Verhandlungsführern.

Wenn man diesen Sinn für Kontinuität in unsere Verhandlungen einbringt, ist damit nicht gesichert, dass dabei immer der beste Abschluß herauskommt, aber es ist weniger wahrscheinlich, dass ein schlechter Deal daraus wird. Die andere Seite wird schon dafür sorgen, dass das gar nicht vorkommt.

2. Paare respektieren ihre jeweiligen Bereiche

In jeder Ehe gibt es Zonen, die der andere nicht betreten darf. Das könnte ein empfindliches Thema sein, das den Ehemann automatisch in Aufregeung versetzt, ein besonderer Erfahrungsbereich der Frau oder eine exklusive Beziehung, die ein Partner entwickelt hat. Ehepaare haben ein instinktives Gefühl für solche Bereiche. Sie wissen, welche Linien sie nicht überschreiten dürfen.

Ich glaube zum Beispiel, mehr über Tennis zu wissen als der

Durchschnitt. Meine Frau jedoch ist eine professionelle Tennisspielerin. Sie spielte auf dem Center-Court von Wimbledon. Ich nicht. Wenn wir Doppel spielen und eine Strategie gegen die andere Seite entwerfen, sollte ich mich natürlich ihrem Wissen und ihrer Erfahrung beugen. Wann immer ich das vergesse und etwas Alternatives vorschlage, läßt sie mich im allgemeinen wissen, dass dieses Thema nicht zur Verhandlung steht. Tennis ist ihr Bereich. Als Ehepartner bin ich schlau genug, diese Tatsache nicht zu bestreiten.

Es ist ziemlich hart, dieser Art von Sensibilität in einer Geschäftsverhandlung nachzueifern. Schließlich kennt man die andere Seite allenfalls nur einen Bruchteil so gut wie den eigenen Ehepartner. Aber eine kleine Hausarbeit sollte Ihnen erzählen, was die andere Seite als Verletzung des eigenen Bereichs betrachtet.

Ich handle zum Beispiel seit 35 Jahren Zusatz- und Dienstleistungsverträge für Sportler aus. Da gibt es Sportler in allen Formen und Größen. Einige lieben den Kontakt zu den Menschen, andere sind schüchtern oder gar ungesellig. Ob sie nun nett sind oder nicht, so gibt es doch einen Vertragspunkt, den man absolut unangetastet lassen muss: ihre Zeit.

Für einen aktiven Sportler ist die Zeit die wertvollste Ware. Sie ist begrenzt und vergänglich. Sie ist ein verbotener Bereich. Wenn unsere Klienten sagen, sie geben dem Sponsor fünf Tage im Jahr für persönliches Erscheinen und zum Filmen von Werbesendungen, dann meinen sie fünf Tage und nicht sechs oder fünfeinhalb. Nicht deshalb, weil sie gierig oder launisch oder gleichgültig gegenüber den Bedürfnissen des Sponsors sind. Sie wissen ganz einfach, dass fünf Tage das höchste sind, was sie erübrigen können. Je mehr Tage sie für den Sponsor arbeiten, desto weniger Zeit haben sie für ihr Training, für Wettkämpfe und um zu gewinnen, und deshalb hat der Sponsor sie ja gewollt.

Sie denken vielleicht, dass jeder Sponsor, mit nur ein bißchen Sensibilität für den Zeitplan des Sportlers, diese Tatsache akzeptiert und zugesteht, dass die Zeit nicht verhandelbar ist. Wir als die Verhandlungsführer schämen uns dafür nicht. Wir machen von Anfang an unsere Position klar.

Doch nach 35 Jahren erlebe ich immer noch Sponsoren, die bei jedem persönlichen Dienstleistungsabkommen das Thema Zeit behandeln wollen.

Sie glauben, wenn sie mehr bezahlen, bekommen sie auch mehr Zeit. (Sie sind immer ganz erstaunt, wenn sie hören, dass es dabei nicht ums Geld geht.)

Sie denken, wenn die Beziehung erst mal in Gang gekommen ist und sie den Sportler persönlich kennen, dann können sie ganz nach Belieben über ihn verfügen und ihm mehr an Verpflichtungen aufbürden, als der Vertrag vorschreibt. (Sie sind dann oft überrascht und persönlich verletzt, wenn wir sie an den Vertrag erinnern.)

Wirklich erstaunlich ist hierbei, wie kontraproduktiv das ist. Nicht nur, dass die Anstrengung, ohne Verhandlungen mehr an Verpflichtungen aus dem Sportler herauszuschlagen, eine Verschwendung von Energie und gutem Willen ist, sondern dies macht auch all die Möglichkeiten zunichte, wo unser Klient vielleicht nachgeben würde. Die Wahrheit ist: Ein Verhandlungsführer, der das Zeitlimit des Klienten nicht antastet, hat im Grunde mehr Bewegungsfreiheit in jedem anderen Bereich, selbst bei besonders wichtigen Sachverhalten wie Geld, Erneuerungsbedingungen und der Vertragsdauer.

Als allgemeine Regel gilt: Wenn Sie sehen können, welche Linien Sie nicht überschreiten können, dann wissen Sie eher, bei welchen Sie es können.

3. Paare benötigen einen beiderseitigen Nutzen

Viele Geschäftsleute legen lediglich Lippenbekenntnisse zum Ideal beider Gewinner bei Verhandlungen ab. Aber ich kenne keinen fähigen Verhandlungsführer, der nicht willens ist, etwas mehr zu gewinnen als die andere Seite. In Geschäften ist der beiderseitige Nutzen nicht unbedingt notwendig, damit ein Deal funktioniert. Es ist hübsch, wenn beide Seiten von dannen gehen und gleichermaßen glücklich sind, aber es ist nicht unbedingt nötig. Ein talentierter Verhandlungsführer versucht natürlich, das zu erreichen. Aber dadurch werden auch viele Deals zunichte gemacht.

Anders bei Verhandlungen unter Ehepaaren. Ob der Ehemann oder die Ehefrau am Ende einer Verhandlung besser dasteht – beide können auch verlieren.

Nehmen wir ein Paar, das sich nach einem neuen Auto umschaut. Bevor sie mit dem Autohändler verhandeln, müssen sie miteinander sprechen, um herauszubekommen, was für ein Auto sie wollen. Die Frau will einen Kleinbus, um die Kinder herumfahren zu können. Der Ehemann will eine große, aber sportliche Limousine, die er auch zu Geschäftszwecken verwenden kann. (Wenn Sie glauben, das sei ein sexistisches Beispiel, dann sagen wir, die Frau will ein ausländisches, der Mann ein amerikanisches Auto. Der Punkt ist, sie sind weit auseinander.)

Wenn das eine laufende Verhandlung wäre – zum Beispiel, Sie und Ihr Boss verhandeln über das Firmenauto, das Ihnen zusteht –, würde Ihr Auto durch einige harte Fakten bestimmt werden: Wieviel Geld ist vorhanden? Was ist verfügbar? Wo gibt es das beste Angebot? Wo erhält das Unternehmen Gruppenrabatt? Sie würden nicht über die Marke, die Farbe oder irgendwelche Optionen reden – weil das den Boss nicht interessieren würde.

In einer Ehe ist das nicht so einfach. Ihr Auto muss beiden gefallen. Setzt sich die Frau durch, wird der Mann immer schimpfen. In kürzester Zeit wird es »ihr Auto« heißen. Nicht lange danach wird der Mann einen Grund finden, um »sein Auto« zu kaufen – und dann hat das Paar mehr Geld für Autos ausgegeben, als es eigentlich wollte.

Kluge Paare vermeiden solche irrationalen und infantilen Lösungen. Da sie wirklich ein Ergebnis brauchen, das beiden dient, finden sie einen Kompromiß. Sie schauen sich um. Gehen zusammen hier- und dorthin. Vielleicht wird es am Ende ein Kombiwagen oder ein elegantes sportliches Nutzfahrzeug, das sowohl familiären als auch beruflichen Interessen dient. Vielleicht begreifen sie die Sackgasse, in der sie sich befinden, und verzichten auf die Anschaffung. Ihr aktuelles Auto wird es schon noch ein oder zwei Jahre machen. Beides ist besser, als sich zu befehden, zu schimpfen und zwei Autos zu kaufen, wenn man nur eines braucht.

Es ist gut, sich bei einer geschäftlichen Verhandlung an diese Dynamik zu erinnern. Wenn Sie und die andere Seite wirklich daran interessiert sind, dass beide gewinnen, wie Ehepaare, dann verhandeln Sie einen Deal, der diesen Impuls widerspiegelt, oder Sie verzichten beide. Beides ist besser, als ein Übereinkommen zu treffen, das eine oder gar beide Seiten unzufrieden läßt.

Kapitel 2
Was den anderen zur Verfügung steht

Welches Muster verwendet die andere Seite?

Einer der besten Verhandlungsführer, mit denen ich je verhandelt habe, war der Fahrer eines Mietwagens in Kalifornien. Ich stellte ihn an, um mich und meine Sekretärin von Palm Springs zum Peninsula Hotel in Los Angeles zu bringen. Eine relativ einfache zweieinhalbstündige Fahrt, während der ich hoffte, mich durch einen großen Stapel Korrespondenz durcharbeiten zu können. (Das ist die beste Rechtfertigung für die Ausgabe eines Mietwagens: Man hat eine friedliche Umgebung, wo man arbeiten kann, wenn die meisten Leute an einem vorbeiflitzen und dabei nur auf die Straßenschilder starren. Man bekommt auch einen angeblich professionellen Fahrer, der weiß, wo es hingeht, auch wenn man selbst es nicht weiß.)

Irgendwo in der Nähe von Los Angeles ging die Reise schief. Der Fahrer ging vom Gas runter und verließ die Schnellstraße, um eine Tankstelle zu suchen. Dieser Ausflug dauerte schon 25 Minuten, weil der Fahrer mehrere Male stoppte, um sich zu orientieren, um schließlich in einer der trostloseren Gegend im Osten von Los Angeles zu landen. Gedanken an Tom Wolfes *Fegefeuer der Eitelkeiten* kamen in mir hoch, und ich war bald sehr beunruhigt, weil der Fahrer offensichtlich überhaupt nicht in der Lage war, die Schnellstraße wieder zu finden. Weitere 20 Minuten vergingen, und wir fuhren immer noch durch völlig verlassene Straßen im südlichen Teil von Los Angeles.

Jegliche Arbeit war unter solchen Umständen natürlich ausgeschlossen. Als wir schließlich mit einer Stunde Verspätung am Hotel eintrafen, ließ ich ihn wissen, was ich von seiner Inkompetenz hielt, und was ich seinem Boss sagen wollte, und nichts davon war sehr schmeichelhaft. Ich hatte auch vor, die Rechnung anzufechten.

Am Ende meiner Schimpftirade sagte der Fahrer: »Seien Sie nicht zu streng mit mir, ich habe sieben Kinder zu Hause.«

Mit diesem einfachen Appell an meine Güte gelang es dem Fahrer, meine persönliche Feindseligkeit ihm gegenüber und meine Verhandlungsposition gegenüber der Mietwagenfirma zu untergraben. Wie konnte ich nicht mit jemandem sympathisieren, der sieben Kinder zu versorgen hatte? Wollte ich wirklich durch meine Klage bei seinem Boss seinen Lebensunterhalt aufs Spiel setzen? Das Lustige daran ist, dieses Spiel mit der Sympathie funktionierte. Soweit es mich angeht, ist dieser miese Trip vergessen. Nur ein Gedanke quält mich noch: Ich wüßte gerne, wie viele andere Fahrten dieser Fahrer versaut hat, und wie oft er seinen Kunden erzählt hat, dass er sieben Kinder hat. War es ein einmaliger Vorgang, oder ist das seine Verhandlungsmasche? Erst wenn ich ihm wieder begegne, werde ich es wissen.

Anders ist es im Geschäftsleben. Wenn Sie mit bestimmten Leuten regelmäßig Geschäfte betreiben, dann werden Sie an einem bestimmten Punkt, und sei es nur durch die Häufigkeit oder die Wiederholung, einige Einsichten über deren Verhandlungsstil erhalten. Menschen haben Gewohnheiten, Neigungen und Ticks. Wenn Sie genug davon sehen, dann finden Sie bei ihren Verhandlungen ein Muster heraus. Hier sind vier Muster, die Sie nicht mißachten sollten:

1. Das »Miesmacher«-Muster

Seit über zwanzig Jahren mache ich mit einem Freund Geschäfte, der jedes Gespräch um Vertragserneuerungen damit beginnt, mir a) zu erzählen, was für ein lausiges Jahr er gehabt habe, und b) alle die Bereiche aufzuzählen, wo unser Unternehmen angeblich schlecht gearbeitet hat. Das ist seine Technik: Er redet sein Bankkonto und unsere Leistungen schlecht. Das ist so offensichtlich, dass ich mich inzwischen schon darüber lustig mache, noch bevor er mit seinem Sermon anfängt. Die Tatsache, dass er nach zwei Jahrzehnten immer noch ein Freund und Kunde ist, erzählt Ihnen etwas über den Wert der Anerkennung eines Verhandlungsmusters. Wenn Sie es erkannt haben, können Sie damit umgehen.

2. Das Konzessionsmuster

Jeder, ob bewußt oder unbewußt, hat ein Muster dafür, wie er bei einer Verhandlung nachgibt.

Manche stufen ihre Konzessionen ab: Sie geben Punkte in einer sich ständig steigernden Form ab, sie beginnen klein und halten die großen Konzessionen noch zurück, darauf hoffend, dass Sie nie danach fragen. (Das ist eine kluge Strategie.)

Andere kehren das Muster um und verringern ihre Konzessionen, wenn sich der Prozeß in die Länge zieht. (Das ist ein guter Weg, um Verhandlungen zu beschleunigen.)

Wieder andere machen Konzessionen und vergeuden dann Zeit damit, sie zurückzubekommen. (Das kann ziemlich unerträglich werden.)

Es gibt nicht das einzig ideale Konzessionsmuster. Aber es ist eine Sünde, sich dessen nicht bewußt zu sein – bei Ihnen selbst und auch bei ihrem Gegenüber.

3. Das Zustimmungsmuster

Das ist eine interessante Art von Umkehrung der Abstufungskonzession. Statt in Punkten nachzugeben, erlangen Sie welche dazu.

Ich bemerkte dieses Muster vor einigen Jahren bei einem Freund, mit dem ich immer gerne verhandelt habe. Ein Grund, warum ich ihn mochte, war sein sachliches Geschäftsgebaren. Er feilschte nicht um den Preis. Wenn ich eine Zahl nannte, akzeptierte er sie sofort. Während wir jedoch weiter sprachen, fügte er immer neue kostenintensive Bereiche in den Deal mit ein, die er umsonst haben wollte. Wenn ich zwei Jahre Laufzeit anbot, erhöht er sie einfach auf drei. Wenn das Territorium, über das wir Übereinstimmung erzielt hatten, Nordamerika war, ging er von der ganzen Welt aus. Ziemlich oft ließ ich ihn damit durchkommen, denn er zahlte Spitzenpreise.

Als ich es erst einmal kapiert hatte, faszinierte mich dieses Verhandlungsmuster, vor allem, weil es so kraß war. Es war, als ginge man zu einem Autohändler, betrat den Ausstellungsraum, fragte nach einem Auto, das mit 20000 Dollar ausgezeichnet war, und akzeptierte das dem Listenpreis entsprechende Eröffnungsangebot des Verkäufers.

Und nachdem man sich die Hände gereicht hat zum Zeichen, dass das Geschäft gelaufen ist, fügt man ganz nebenbei hinzu: »Dabei sind natürlich Ledersitze enthalten?«

»Und ABS?«

»Und zwei Airbags?«

»Und eine längere Garantiezeit?«

Und die Verkaufsperson stimmt allem zu – weil Sie den Listenpreis bezahlen. Statt das Auto um 3000 Dollar herunterzuhandeln (was die meisten tun würden), packen Sie zusätzliche Teile im Wert von 4000 Dollar obendrauf und wollen diese umsonst haben. Sie bezahlen 20000 Dollar für ein Auto, das 24000 wert ist.

Denken Sie an dieses Muster, wenn jemand kommt und Ihr erstes Angebot sofort akzeptiert. Seien Sie besonders auf der Hut bezüglich irgendwelcher Folgeforderungen. Sie nehmen Ihnen mehr weg, als Sie vielleicht geben wollen.

4. Sich auf halbem Wege einigen

Sie glauben vielleicht, das wäre das einfachste Muster, um auf den Punkt zu kommen. Auf diese Weise verhandeln die meisten Menschen auf der Welt. Sie wollen 20 Dollar, ich biete 10, wir einigen uns bei 15. Und sehr häufig sind wir dabei beide nicht glücklich. Das ist das Problem, wenn man sich auf halbem Wege einigt. Es ist so üblich, so einfach durchzuführen, dass sich die meisten gar nicht darüber bewußt sind, dass sie es tun.

Auf der anderen Seite gibt es manche, die dafür leben, sich auf halbem Wege zu einigen. Ihre Erstgebote sind so extrem – hoch, wenn sie verkaufen, und niedrig, wenn sie kaufen –, dass es für sie ein exzellentes und wünschenswertes Ergebnis ist, sich auf halbem Wege zu treffen.

Diese Taktik ist noch gefährlicher, wenn sie ständig verwendet und zum dominierenden Muster einer Verhandlung wird. Wenn die andere Seite ihre Position in jedem Punkt strategisch überzieht und darauf wartet, dass man sich auf halbem Wege einigt, wird sie Sie jedesmal schlagen.

Blockieren Sie diese Taktik!

Die meisten von uns gehen in eine Verhandlung mit einer genauen Vorstellung davon, was sie wollen, was sie sagen werden und was man nicht erwähnen muss. Wenn wir gut vorbereitet sind, dann haben wir wahrscheinlich eine gute Vorstellung davon, was die andere Seite sagen wird – und eine fertige Antwort auf jede Frage, die sie uns stellt. Wenn wir Glück haben, können wir den Verhandlungsprozess in einen freundlichen Dialog umformen, der rational und logisch zu einer beiderseits akzeptablen Lösung führt.

Leider folgt die andere Seite nicht immer unserem Drehbuch.

Wenn wir verkaufen, dann teilen sie vielleicht nicht die hohe Meinung, die wir von unserem Produkt oder unseren Dienstleistungen haben. Sie haben vielleicht Taktiken, um den Verkauf nicht zum Abschluß zu bringen. Sie haben vielleicht nicht das Geld. Sie haben vielleicht nicht das Personal, um den Verkauf zu vollziehen, egal wie kunstgerecht wir die Verhandlung abschließen. All dies können Stolpersteine bei einer Verkaufsverhandlung sein.

Aber nach vielen Jahren habe ich festgestellt, dass es immer wieder dieselben Stolpersteine sind. In der Tat tauchen bestimmte Argumente mit einer solchen Regelmäßigkeit auf, dass ich sie gar nicht mehr als Argumente ansehe. Das sind Taktiken, kleine Manöver, die dazu dienen, meine Position zu schwächen, aber nicht soweit, dass ich den Verhandlungstisch verlasse. Sie sind keine genauen Anzeiger dessen, was die andere Seite über mich oder über meine Position denkt. Sie dienen einfach dazu, mir eine Antwort zu entlocken.

In diesem Sinn sind Verhandlungstaktiken wie Züge in einem Schachspiel. Sie überreagieren nicht oder werden böse, wenn jemand bei einem Schachspiel einen gewagten Zug macht. Auf einer gewissen Spielebene erwartet man von Ihnen, dass Sie mit diesem Zug vertraut sind, und man erwartet von Ihnen, dass sie am Tisch bleiben und eine Antwort geben.

Dasselbe gilt für Verhandlungen. Auf einem bestimmten Niveau sollten Sie die Taktiken der anderen Seite erkennen und dazu befähigt sein, entsprechend zu antworten.

Hier einige verbreitete Taktiken, die Sie von der anderen Seite am Verhandlungstisch erwarten können.

1. Akzeptieren Sie nicht den negativen Angriff

Manche Leute wollen Sie einfach nur einschüchtern. Sie kommen in Ihr Büro und dringen mit geringschätzigen Bemerkungen über Ihre Firma oder Ihr Produkt auf Sie ein.

Das ist die härteste Verhandlungsform von allen. Aber manche haben sie zu einer Kunstform weiterentwickelt. Sie können die wüsten Beschimpfungen auf- und zudrehen wie einen Wasserhahn.

Ich kenne einen leitenden Angestellten, der wahrscheinlich nicht einmal weiß, dass er es tut. Wann immer ich ihn treffe, um ein neues Projekt zu diskutieren, fühlt er sich gezwungen, ein altes Projekt aus der Schublade zu ziehen und über ein oder zwei Details von hundert zu sprechen, die wir dabei nicht ganz perfekt erledigt haben. Seine Tiraden sind so vorhersehbar, dass sie geradezu lachhaft und leicht zu kontern sind. Seit Jahren nun begrüße ich ihn damit, dass ich unseren kleinen Irrtum als erster anspreche und ihm damit seine einzige Waffe nehme.

Es ist unglaublich, aber wahr – besonders junge oder unerfahrene Verhandlungsführer fallen auf diese Taktik immer wieder herein.

Vielleicht kränkt sie dieser Angriff. (Genau das will der Angreifer ja. Es ist am besten, Sie reagieren überhaupt nicht darauf.)

Vielleicht fühlen sie sich schuldig oder verantwortlich. (Das stimmt in den seltensten Fällen. Denken Sie daran, ein Rabauke braucht keinen wirklichen Grund, um anzugreifen; es liegt in seiner Natur, jemanden zu reizen, der nicht zurückschlägt.)

Vielleicht glauben sie, dass jemand, der sich derart abreagieren muss, einen berechtigten Grund hat, sich aufzuregen. Noch einmal: Der Angriff ist eine Taktik, um Ihre Position zusammenbrechen zu lassen. Es ist nichts Persönliches. Es kommt nicht von Herzen. Wahrscheinlich ist es gar nicht wahr. Fragen Sie sich selbst: Wenn dieser Mensch sich wegen uns so verrückt macht, warum reden wir dann überhaupt noch miteinander? Warum machen wir überhaupt noch Geschäfte miteinander?)

2. Akzeptieren Sie kein Ultimatum

Wenn jemand andeuten will, dass er dabei ist, aus den Verhandlungen auszusteigen, dann verwendet er in aller Regel eine ziemlich vertraute Phraseologie, wie zum Beispiel »Mehr kann ich mir nicht leisten« oder »Sie haben bestimmt Besseres zu tun« oder »Nehmen Sie es oder lassen Sie es«.

Ich verstehe, warum. Die Phrasen funktionieren. Sie klingen wie Ultimaten. Sie können dem unerfahrenen Verhandlungsführer Angst machen und ihn dazu bringen, bei allem nachzugeben, nur um den Käufer am Tisch zu halten und den Deal zu retten.

In Wirklichkeit sind es Taktiken. Sie sind nicht echt (wenn sie es wären, müßten Sie aussteigen oder weggehen). Sie sind ein Test, ein weiterer Schachzug, um Sie zum Handeln zu bewegen, um zu sehen, wie gut Sie kontern können.

Meiner Erfahrung nach sind Ultimaten selten das Ende einer Verhandlung, sie sind eher der Anfang.

3. Lassen Sie sie nicht leicht herauskommen

Der leichteste Weg für den Käufer, um aus den Verhandlungen herauszukommen, ist: »Ich finde Ihr Konzept toll. Ich will es machen. Aber ich habe nicht das nötige Geld.«

Es erscheint merkwürdig, aber das ist keine Taktik. Wenn Käufer Ihnen das sagen, meinen sie es auch so. Sie haben dann normalerweise nicht das nötige Geld!

Aber man muss in einer Diskussion über Taktiken darauf hinweisen, denn es ist für Sie auch eine Möglichkeit, bei einer Verhandlung zu einem Preis zu kommen, den der Käufer nicht ablehnen kann.

Wenn wir Sponsorenschaften für Sportveranstaltungen verkaufen, wird uns häufig gesagt: »Ich habe nicht das nötige Geld.« Das ist nicht überraschend. Sponsorenschaften im Sport sind ein ziemlich ungewöhnlicher Kauf, und der Eintrittspreis ist hoch.

Aber nachdem wir monatelang einen Interessenten umworben haben, der gesteht, dass er das Konzept mag, wären wir verrückt, wenn wir den Interessenten nicht halten wollten.

Manchmal arbeiten wir gratis. Wir geben buchstäblich den Vermögenswert weg und lassen den Kunden hinterher zahlen, was es ihm wert war.

Manchmal schieben wir die Zahlung auf. Das ist, als ob man ein Auto kauft und später dafür bezahlt. Aber in unserem Fall ist es viel besser. Ein Jahr lang kommen unsere Mitarbeiter mit denen des Kunden in Berührung. Diese sehen, wie wir arbeiten. Wir werden Freunde. Wenn wir unseren Job gut machen, zahlen sie uns nicht nur, was sie uns schulden, sondern werden sich auch darum kümmern, das nötige Geld für das nächste und die folgenden Jahre zu beschaffen.

Wenn Ihnen jemand erzählt, sein Budget sei null, dann lautet die beste Antwort: »Ich kann damit leben.«

4. Behalten Sie die Größenordnung bei

Käufer wollen immer Mengenrabatte erhalten – ohne die angegebene Menge dann tatsächlich zu kaufen. Wenn sie insgeheim 1000 Einheiten Ihres Produkts haben wollen, versuchen sie Sie dazu zu bringen, einen Preis für 10 000 Stück oder gar für 50 000 zu nennen – und dann verhandeln sie auf der Basis des niedrigeren Stückpreises.

Das ist eine ziemlich durchschaubare Taktik, die nichts weiter von Ihnen erfordert, als strikt bei ihrem Tarif zu bleiben. Aber ein cleverer Verhandlungsführer kann Sie auf sehr viel subtilere Weise zu einem Rabatt verleiten.

a) Immobilienmakler sind zum Beispiel wahre Meister darin, Konzessionen von Bauunternehmern zu erhalten, mit dem Hinweis, dass es in Zukunft bei anderen Projekten noch mehr Arbeit geben wird.

b) Wir hatten Kunden, die darauf bestanden, bestimmte Teile unseres Vorschlags herauszunehmen, um den Preis zu drücken, und wenn sie sich diesen Preis gesichert haben, versuchten sie, diese Teile wieder zurückzuhandeln.

c) Manche Kunden haben es gerne, technische Hilfe anzubieten – normalerweise in Form von Personal –, um den Preis zu drücken, doch dieses Personal taucht dann nie auf.

Es gibt dabei aber trotzdem ein paar gute Neuigkeiten. Wenn jemand fragt: »Was ist, wenn ich zwei kaufe?« und Sie geduldig und diszipliniert sind, können Sie den Verkauf verdoppeln.

5. Fallen Sie nicht auf den guten Polizisten herein

Die Taktik des guten und des schlechten Polizisten ist eine der vertrautesten Verhandlungstaktiken. Wir haben das alle schon erlebt. Am Verhandlungstisch sitzen zwei Personen. Der eine Polizist ist der schlechte, dessen Aufgabe es ist, Sie fertigzumachen, unglaubliche Forderungen zu stellen und Sie ständig herauszufordern. Der zweite ist der gute, normalerweise eine ältere Person, dessen Aufgabe darin besteht, sich für die schlechten Manieren seines Kollegen zu entschuldigen. Natürlich neigen Sie zu dem guten – weil sein Temperament, sein Benehmen und seine Verhandlungsposition einladender zu sein scheinen.

Das Lustige an dieser Taktik ist, dass ich sie sehr gut durchschaue und trotzdem immer wieder darauf hereinfalle.

In meinem Herzen möchte ich glauben, der Gute sei auf meiner Seite, selbst wenn mir mein Gehirn sagt, dass er eine Rolle spielt, und die ist nicht unbedingt in meinem besten Interesse. (Ich vermute, das ist ein Reflex aus der Kindheit: Wenn wir mit einem Elternteil nicht klarkommen, wenden wir uns instinktiv an den anderen. Was wir dabei nicht erkennen, ist, dass die Eltern ein stillschweigendes Übereinkommen haben, sich niemals vor unseren Augen zu widersprechen.)

Wie können Sie mit dieser Taktik fertig werden? Ganz einfach: Schließen Sie den Guten aus. Konzentrieren Sie Ihre ganze Energie auf den Schlechten. Wenn Sie das nicht können, haben Sie noch nichts verloren, denn mit seinem Partner können Sie dann auch nicht besser verfahren.

Lassen Sie die andere Seite zeigen, wie es gemacht wird

Die Leute haben eine natürliche Tendenz, der anderen Seite bei einer Verhandlung zeigen zu wollen, wie klug sie sind, wie gut sie ihr Geschäft verstehen. Aber es wird immer wieder vorkommen, dass die andere Seite klüger ist als Sie. Sie können das verleugnen und einen aussichtslosen Kampf kämpfen. Oder Sie gestehen es ein – und lassen zu, dass Ihnen die andere Seite etwas beibringt.

Ich war immer davon überzeugt, dass Björn Borgs größte Leistung nicht die fünf aufeinanderfolgenden Siege in Wimbledon waren, sondern dass er ganz allein das Tennisspiel einer ganzen Generation von Tennisspielern auf ein neues Niveau brachte. Borg schlug den Ball mit solch einem überzogenen Topspin, dass die Gegner gezwungen waren, ihr Repertoire zu verbessern, nur um nicht vom Platz gefegt zu werden. Aufsässige Spieler, die sich weigerten, ihr Spiel gegen Borg zu ändern, fielen bald aus der Spitze heraus. Die klugen, die willens waren, sich anzupassen und von Borg zu lernen, und ihn mit ihrem eigenen Topspin herausforderten, verbesserten schließlich ihr Spiel – und irgendwann schlugen sie ihn auch.

Ich stellte denselben Effekt während einem unserer ersten Exkurse ins Fernsehen fest. MCA, der gigantische Medienkonzern, der Universal Pictures besitzt, wollte eine Serie von »Golf Challenges« mit unseren Klienten aufzeichnen. Zu dieser Zeit waren wir Neulinge im Fernsehgeschäft. Wir wußten nicht, was ein Programm kostet oder wie es produziert wird. Wir wußten auch nicht, wie man einen Vertrag aufsetzt oder welche Forderungen wir für unsere Klienten stellen mussten.

Unsere Gegenüber bei MCA waren natürlich Experten, wir dagegen nur arme Stümper. Sie verfügten im Gegensatz zu uns über jahrelange Erfahrung im Umgang mit Stars, Budgets, Produktionsplänen und Verträgen.

Aber an einem bestimmten Punkt erkannten wir, dass der Umgang mit solch einem hervorragenden Gegenüber tatsächlich zu unserem Vorteil sein konnte – wenn wir willens waren, die Stärke unseres Gegenübers anzuerkennen.

Da wir MCA trauten, warum sollten wir sie nicht den Vertrag aufsetzen lassen? Mit den vielen Erfahrungen, die sie gemacht hatten, waren sie auf alle Fälle besser, auch wenn wir uns noch so viel Mühe gaben. Sie kannten die wichtigsten Punkte. Sie kannten die schwierigen Klauseln. Sie würden auf bestimmte Punkte besonderen Wert legen und umgekehrt die vernachlässigen, auf die wir nie gekommen wären.

Wir behielten die Augen offen und ließen es zu, dass MCA uns zeigte, wie man einen Vertrag auf dem neuesten Stand schreibt. Dieser diente uns 30 Jahre lang als Modell.

Wenn Sie nur hören, was Sie hören wollen

Das Problem mit Zahlen besteht darin, dass wir eher geneigt sind, ihnen zu trauen, als sie in Zweifel zu ziehen – auch wenn die meisten von uns wissen, dass Zahlen immer so manipuliert werden können, dass sie genau das aussagen, was wir haben wollen.

Die Zahlen, die mich bei einer Verhandlung immer am meisten beunruhigen, sind solche, die zu gut klingen, um wahr zu sein – denn sie führen mich in die Irre, und ich höre, was ich denke, hören zu wollen, anstatt der Wahrheit.

Ein Unternehmen trat einst mit einem potentiell lukrativen Konzept zur Absatzförderung für einen unserer Klienten an uns heran. Wenn alles nach Plan ginge, könnte der Klient 400 000 Dollar im Jahr verdienen, ohne einen Finger zu rühren. Wenn der Klient das Geld erhielt, fein. Aber der Ansatz und die Dollarzahl beruhten auf sehr unbedachten Annahmen. Es war das absolute Best-case-Szenario.

Ein genaueres Studium der Übereinkunft zeigte, dass unserem Klienten nur 25 000 Dollar im Jahr garantiert wurden. Das war das Worst-case-Szenario.

Aber wie die menschliche Natur nun einmal ist, möchte sie vom Worst-case-Szenario nicht viel hören. Und so begann die Transaktion innerhalb des Unternehmens ein Eigenleben zu führen. Sie wurde »groß«.

Im Laufe der Zeit wurde über die Zahl 400 000 so locker und häufig geredet, dass sie zur festen Zahl wurde. Unsere Mitarbeiter schaukelten sich regelrecht daran hoch. Die Zahl beeinflußte andere Vereinbarungen. Unsere Leute begannen, andere Projekte zu ändern oder hinauszuzögern aus Angst, sie könnten den großen 400 000-Dollar-Deal negativ beeinflussen.

Wann immer ich jemanden in unserem Unternehmen von einer überwältigenden Verhandlung reden höre, frage ich mich: Hören wir nur, was wir hören wollen? Beschreibt die andere Seite das in ähnlichen Begriffen?

In diesem besonderen Fall bezweifle ich, ob der Leiter des Handelsunternehmens überall damit herumprahlte und sagte: »Wir haben ein Konzept, bei dem McCormacks Klient 400000 Dollar im Jahr für nichts verdient.« Wahrscheinlicher hat er gesagt: »Wir kriegen ihren Klienten für 25000 Dollar. Was halten Sie davon?«

Spielt man mit Ihrer Reaktionszeit?

Ich saß im Aufsichtsrat einer florierenden Firma. Der Aufsichtsrat traf sich mindestens zweimal im Jahr in der Zentrale des Unternehmens zu Beratungen. Die Treffen waren faszinierend. Nicht so sehr wegen dem, was bei diesen Konferenzen besprochen wurde, sondern wegen der Art, wie der Chairman und der CEO diese Konferenzen kontrollierten. Er war eine sehr gründliche und genaue Person, die auf das kleinste Detail achtete. Er wußte genau, wieviel Zeit er für ein einziges Thema der Tagesordnung verwenden wollte, und die Konferenzen hielten den Zeitplan auch immer ein.

Selbst einem ungeübten Auge war klar, dass dieser CEO, der am einen Ende des Konferenztisches saß, das Treffen kontrollierte.

Am anderen Ende saß der Chairman im Ruhestand, ein höflicher Mann in den Sechzigern, der das Unternehmen aufgebaut, diesen CEO selbst als seinen Nachfolger ausgesucht hatte und der größte Anteilseigner des Unternehmens geblieben war. Obwohl er bei diesen Treffen extrem zurückhaltend war und dem CEO enormen Spielraum gab, gab es keinen Zweifel unter uns Anwesenden im Raum, dass dieser erfahrene Staatsmann der wirkliche Machtmittelpunkt im Unternehmen war.

Ich habe immer bewundert, wie der CEO die Situation meisterte – wie er sich bei den Aufsichtsratssitzungen immer wieder behauptete und doch den Eindruck machte, sich dem Chairman im Ruhestand zu fügen. Aber meine Bewunderung wuchs schier ins Unendliche, als ich bei der Aushändigung der Berichte ein kleines Manöver des CEO bemerkte.

Wenn es um 12 verschiedene Tagesordnungspunkte ging, bereitete er zwölf getrennte Berichte vor – und teilte diese erst aus, wenn wir diesen Teil der Tagesordnung erreichten. Sein Assistent, der ebenso auf den Zeitplan achtete, stand auf und gab jedem der Anwesenden eine Kopie des Berichts. Das ereignete sich dann zwölfmal im Laufe einer Konferenz. An diesem besonderen Tag saß ich zufällig neben dem Chairman im Ruhestand. Und ich bemerkte, dass jedesmal, wenn der Assistent zu mir kam, ich eine Kopie erhielt und der Chairman im Ruhestand das Original!

(Halten Sie fest: das war lange vor der Zeit der Laserdrucker, die alles wie ein Original aussehen lassen.)

Diese kleine, kaum wahrnehmbare Taktik war ein Meisterstreich gesunden Menschenverstands. Der CEO streichelte das Ego des alten Mannes, aber seine Methode war so feinsinnig, dass man sie nur bewundern konnte. Er verwendete ein bloßes Dokument, um im Laufe einer Sitzung dem Chairman im Ruhestand zwölfmal seine Unterwürfigkeit zu bezeugen. Und keiner der Direktoren war sich dessen bewußt. Es war wie eine private Unterhaltung zwischen den beiden Männern, als ob der CEO dem alten Mann zuflüsterte: »Sie sind immer noch der Boss.«

Ich glaube, dass sein Verständnis für Menschen und Macht (und vermutlich gab es noch weitere Zeichen der Unterwürfigkeit, die ich nicht bemerkte) dem CEO half, die Konferenzen und das Unternehmen auf so eindrucks- und vertrauensvolle Art zu leiten.

Als ich später über das Täuschungsmanöver des CEO mit den Berichten nachdachte, erkannte ich, dass er einen noch besseren strategischen und sehr feinsinnigen Trick anwendete, der aber etwas heimtückischer war. Er verwendete die Berichte nicht nur, um mit dem Ego des Chairman im Ruhestand, sondern auch, um mit unserer Reaktionszeit zu spielen. Indem er die Berichte Stück für Stück und immer erst dann aushändigte, wenn der Tagesordnungspunkt an der Reihe war, kontrollierte er die Zeit, die wir hatten, um die Berichte zu studieren, die Zahlen zu analysieren, zwischen den Zeilen zu lesen, unter uns Vergleiche anzustellen und ihm am Ende harte Fragen zu stellen, wenn wir welche hatten. Er brachte uns um die Macht, ihn kritisieren zu können.

Wiederum war das ein Meisterstreich des gesunden Menschverstandes und der Machtpolitik. Er verzögerte die Verteilung der Berichte und beeinflußte damit die Debatte zu seinen Gunsten.

Im Idealfall hätten wir die Berichte Tage oder Wochen vor dem Treffen erhalten sollen, um Zeit zu haben, auf intelligente Art zu reagieren und gut formulierte Fragen zu stellen.

Ich erkenne nun, dass diese Form der Manipulierung der Reaktionszeit der Mitarbeiter auf allen Geschäftsebenen betrieben wird.

Jemand erzählte mir einst, dass Pauline Kael, die legendäre Filmkritikerin für den New Yorker, dafür verschrien war, ihre wöchentlichen Kolumnen im letztmöglichen Moment zu liefern. Nicht etwa, weil sie dilettantisch oder ineffizient gewesen wäre. Sie wollte einfach nicht, dass irgendein Herausgeber irgendetwas an ihrem Artikel ändert. Sie schob den Abgabezeitpunkt ihres Artikels so weit wie möglich hinaus und nahm damit dem Herausgeber die Möglichkeit, mit ihren Worten zu spielen. Sie spielte mit deren Reaktionszeit, indem sie sie reduzierte.

Wenn jemand viel Sorgfalt darauf verwendet, die Reaktionszeit der anderen bei Aufsichtsratssitzungen und beim Schreiben von Anweisungen zu manipulieren, dann können Sie sicher sein, dass er dasselbe auch bei Verhandlungen machen wird, wo der Gewinn oder der Verlust von Zeit von vitaler Bedeutung ist.

Am eklatantesten wird es, wenn Ihnen die andere Seite ein verbales Limit setzt (»Wir brauchen Ihre Entscheidung jetzt!«) und damit Ihre Reaktionszeit verringert.

Ebenso, wenn sie die Zusendung des Vertrages bis zum letztmöglichen Moment hinauszögert.

Wenn die andere Seite behauptet, sie müsse sich mit einem abwesenden Entscheidungsträger (»Ich komme wieder, wenn ich mit meinem Boss gesprochen habe«) absprechen, dann versucht sie, ihre eigene Reaktionszeit zu verlängern.

Ebenso, wenn sie vorgeben, nicht das Hintergrundmaterial zu haben, das Sie wünschen.

Oder wenn sie das Treffen vertagen, nachdem Sie Ihre Position dargelegt haben, aber noch bevor die anderen ihre dargelegt haben.

Oder wenn sie technische Experten mit zum Treffen bringen,

um auf obskure Punkte abzuschweifen, während die wahren Entscheidungsträger ihre Optionen erwägen.

Oder wenn sie sich auf Unwissen berufen (»Wir müssen diesen Sachverhalt erst noch prüfen«).

Dieses sind alles effektive Taktiken, um zu garantieren, dass die Reaktionszeit der anderen Seite länger ist als die Ihre.

Ich erwähne diese Taktiken nicht aus Bewunderung oder um sie zu billigen, sondern um davor zu warnen. Wenn jemand versucht, Ihre Fähigkeit zu manipulieren, auf etwas reagieren zu können, dann hat er häufig etwas zu verstecken. Wenn Menschen mit Ihrer Reaktionszeit spielen, dann sollte dies ein Signal für Sie sein, noch aufmerksamer zu sein.

Kapitel 3

Hinterfragen Sie alles

Ein Freund meinte, der Titel für dieses Buch sollte »Die Kunst der Verhandlung« heißen – mit der Betonung auf »die Verhandlung«, weil es keine zwei identischen Verhandlungen gibt. Jede ist anders. Was man vor zwei Wochen gemacht hat, muss nicht unbedingt wieder funktionieren. Tatsächlich ist es so, dass es manchmal nachteilig für Sie sein kann, wenn Sie eine erkennbare Technik haben.

Ich stimme dem zu. Jede Verhandlung ist anders und verlangt deshalb die, Ihren Ansatz zu hinterfragen und zu überdenken. Verhandeln ist keine Technik, die Sie auf jede Situation übertragen und ausspielen können. Jede Verhandlung muss bei Null begonnen werden, mit einem reinen Tisch. Und Sie müssen Ihre erprobten und für richtig befundenen Taktiken mit äußerster Skepsis behandeln.

Aber ich möchte noch weiter gehen. Sie müssen diese Skepsis auch auf die andere Seite anwenden. Sie müssen den Ansatz des Gegenübers hinterfragen und jede seiner Äußerungen mit äußerster Skepsis behandeln. Ich betone das so sehr, weil dies der Eckstein meines Verhandlungsstils ist. Wenn ich der anderen Seite zuhöre, während sie ihre Position darlegt, dann frage ich mich immer: »Wer sagt das?«

Wenn sie mir sagen, ihr Preis sei X, dann geht mein Instinkt nicht nur dahin, mich zu fragen, wie ich diesen Preis reduzieren kann (darum geht es ja im Grunde beim Verhandeln), sondern auch, zu fragen, wie sie auf X kommen.

Wenn sie mir erzählen, sie hätten gerne, dass unser Klient beim Treffen dabei wäre, dann will ich wissen warum.

Wenn sie mir einen letzten Termin für die Verhandlungen setzen, dann will ich wissen, warum sie diese Eile haben.

Wenn sie einen verdächtig hohen Preis anbieten, möchte ich einen Beweis für ihre Zahlungsfähigkeit. Ich will auch wissen, warum sie so viel bezahlen wollen.

Das kommt größtenteils daher, dass ich grundsätzlich skeptisch bin. Ich war nicht immer so. Wenn Sie aber Ihren Lebensunterhalt damit verdienen, berühmte Sportler zu repräsentieren, dann treffen Sie unvermeidlicherweise auf Menschen, die sich an diese Berühmtheiten heranmachen wollen – und ihre Motive sind dabei nicht immer sonderlich ehrenhaft. Ziemlich früh in meiner Lernphase als Verhandlungsführer wurde ich skeptisch, um damit auch meine Klienten zu schützen. Sie müssen nur durch ein oder zwei Verhandlungen durchgegangen sein, bei denen die andere Seite nach ihren eigenen Regeln gespielt hat, und Sie begreifen, dass Sie solche Regeln hinterfragen müssen.

Als ich Ende der sechziger Jahre in Cleveland begann, erhielten wir häufig Briefe oder Anrufe, in denen einem unserer Topgolfer ein wahnsinnig hoher Betrag angeboten wurde, um eine Reihe von Vorführungen im Fernen Osten durchzuführen. Der normale Impuls bei einem so großzügigen Angebot wäre es, sich selbst dafür zu gratulieren, dass man offensichtlich zur rechten Zeit mit dem richtigen Produkt an der richtigen Stelle ist, und zu sagen: »Wo soll ich unterschreiben?« Aber allmählich habe ich gelernt, extrem hohe finanzielle Angebote mit äußerster Vorsicht zu behandeln. Falsche Angebote sind eines der Berufsrisiken in unserem Geschäft. Ein sogenannter Sportpromoter nennt eine große Zahl, um einen unserer Spitzensportler zu verpflichten, und verwendet dann diese Verpflichtung, um die Finanzierung der Veranstaltung und den Rest des Feldes aufzustellen. Inzwischen hat unser Klient diesen Termin in seinen Zeitplan mit eingebaut, ohne die Garantie zu haben, dass diese Veranstaltung wie geplant stattfindet bzw. dass er die Summe, die ihn vor allem reizte, überhaupt erhält.

Selbstverständlich haben wir gelernt, große Angebote als Warnzeichen und nicht als goldene Eier zu betrachten. Wir hinterfragen alles. Wir bitten um Referenzen, Akkreditive und alle Arten von Garantien, bevor sich unsere Superstars verpflichten.

Ich bin überzeugt, dass diese Form des »Wer-sagt-das?«-Skeptizismus, wenn man ihn energisch bei Fremden und vernünftigerweise auch bei Freunden anwendet, die eigene Position in jeder Verhandlung verbessern kann.

Es ist eine Sache der Haltung. Ich betrachte jeden größeren Punkt bei einem Geschäft, der von der anderen Seite vorgeschlagen wird, als eine einseitige Entscheidung, die ohne mich getroffen wurde. Es ist mein Beruf als Verhandlungsführer, an einseitigen Entscheidungen, die mich ausschließen, Anstoß zu nehmen.

Es ist wohl nicht zuviel verlangt, diese Haltung anzunehmen. Wenn Ihre Eltern entscheiden würden, wen Sie heiraten sollen, wären sie automatisch empört. Diese Entscheidung liegt so weit außerhalb aller westlichen Gebräuche und Privilegien, dass es Ihnen durchaus zustünde, das Ganze als Witz zu betrachten.

Um ein weniger extremes Beispiel zu nehmen: Was würden Sie tun, wenn Ihre Eltern entschieden hätten, welches College Sie besuchen sollten? Sie würden ihnen wahrscheinlich ohne zu zögern sagen, dass sie wohl nicht ganz auf der Höhe der Zeit sind (Selbst wenn Sie anerkennen, dass sie die Rechnung bezahlen, sollten Sie bei dieser Angelegenheit etwas zu sagen haben). Bevor Sie fragen, wie Ihre Eltern auf diese Wahl kommen, bevor Sie noch verlangen, eine Mehrheitsstimme bei dieser Entscheidung zu haben, würden Sie wahrscheinlich wissen wollen, wer und was Ihren Eltern eigentlich das Recht gibt, diese Entscheidung zu treffen. Sie sollen und müssen empört sein über deren Impertinenz.

Bei Geschäftsverhandlungen ist es nicht anders. Jedesmal, wenn Sie die andere Seite nicht herausfordern, wenn sie einen Preis nennt oder ein Limit setzt oder bestimmen will, wer ja und wer nein sagt, lassen Sie die andere Seite eine einseitige Entscheidung treffen. Sie lassen die andere Seite die Regeln der Verhandlung festschreiben (Regeln, die sicherlich nicht zu Ihrem Vorteil festgeschrieben wurden). In der Tat entschuldigen Sie deren Impertinenz.

Sie können Schlimmeres tun, als jede Verhandlung als eine Übung in Unverschämtheiten (die der anderen Seite) zu betrachten, die dann nur in ihrem Grad differieren. In manchen Verhandlungen entscheidet die andere Seite, wen Sie heiraten sollen. In anderen, welches College Sie besuchen sollen. In beiden Fällen sollten Sie empört sein. Diese Haltung kostet sie nicht viel. Wahrscheinlich werden Sie damit die andere Seite überraschen.

Ich erinnere mich daran, es war vor sieben Jahren, als unser Klient, Herschel Walker, der große Running Back für die Dallas Cowboys, mitten in der Saison an die Minnesota Vikings verkauft wurde. Kenner von NFL-Personalentscheidungen betrachten den Deal als eines der bedeutendsten (und ultimativ einseitigsten) Geschäfte in der Geschichte der Liga. Mit Herschel Walker erwarben die Vikings einen erfahrenen Runner, der ihren Angriff zu verstärken und sie noch in dieser Saison zum Super Bowl zu führen versprach. Die Cowboys auf der anderen Seite blickten in die Zukunft. Sie hatten im Jahr zuvor 15 ihrer 16 Spiele mit zu alten Spielern verloren und brauchten dringend junge Talente. So taten sie das, was jeder reife Geschäftsmann tun würde, der die Richtung verändern will: sie verkauften Aktiva. Mit Herschel Walker hatten sie einen wertvollen Aktivposten, den die Vikings brauchten. So verkaufte der Besitzer der Cowboys, Jerry Jones, Walker für fünf Spieler an die Vikings, genauso viel wie Minnesotas Erstrundeneinkäufe für die nächsten fünf Jahre. In der Tat verbaute sich Minnesota die Zukunft für den unmittelbaren Zugewinn, den Walker darstellte. Dallas verlor einen Star, um seinen Zugang zum Talentpool für die nächsten fünf Jahre zu verbessern.

(Im nachhinein war es für Dallas ein brillanter Deal und für Minnesota ein Desaster. Walker paßte niemals in das Angriffsschema der Vikings und wurde zwei Jahre später an ein anderes Team weiterverkauft. Dallas gewann zwei weitere Super Bowls mit all seinen Spitzeneinkäufen. Aber das ist eine andere Geschichte.)

Was bei mir hängen blieb, ist die Tatsache, dass Herschel Walker am Tag des Deals seinen Agenten Peter Johnson, den Chef unserer Mannschaftssportabteilung in Cleveland, anrief. Das Gespräch verlief etwa so:

Walker: Peter, ich bin an die Vikings verkauft worden.
Johnson: Was denken Sie darüber?
Walker: Ich will eigentlich nicht gehen.
Johnson: Na, dann machen Sie eben nichts.

Je mehr sich Johnson die Sache durch den Kopf gehen ließ, desto empörender schien es zu sein. Herschel war in Dallas äußerst glücklich. Er war im Vorjahr bester Ligastürmer gewesen. Er war sehr populär bei den Fans. Er hatte lukrative Zusatzverträge mit örtlichen Geschäftsleuten und war in das kulturelle und kommunale Leben der Gemeinde voll integriert. (Einmal tanzte er im Trikot auf der Bühne zusammen mit dem Fort Worth Ballet, was der Tanzgruppe eine beispiellose nationale Publizität einbrachte.) Doch hier trafen die Cowboys und die Vikings eine einseitige Entscheidung über Herschel Walker, die ganz direkt seine beruflichen und finanziellen Belange für die nächsten Jahre betraf – ohne Herschel Walker zu fragen. Sie behandelten ihn wie bewegliches Vermögen.

Das ging jahrelang so weiter. Spieler wurden je nach Laune des Managements gehandelt. In keinem anderen Bereich war es möglich, dass ein Unternehmen einen Mitarbeiter zu einer Konkurrenzfirma schickt, ohne dass dieser dazu etwas hätte sagen können. Aber der Profisport in den USA war einzigartig. Das Management schrieb die Regeln und niemand war in der Lage, diese in Frage zu stellen. (In der Zwischenzeit haben einige Topspieler gegen diese Ungerechtigkeit gekämpft und darauf bestanden, eine Klausel in ihrem Vertrag mit einzubauen, dass sie nur mit ihrer Zustimmung verkauft werden dürfen. Aber Walker hatte seinerzeit keine solche Klausel in seinem Vertrag.)

Johnson wollte die Regeln hinterfragen. Er wußte, dass er nichts tun konnte, um Walker in Dallas zu halten, aber er konnte versuchen, Dallas zahlen zu lassen, weil man ihn weggeschickt hatte.

Eine Stunde nachdem er die Neuigkeit gehört hatte, rief er den Besitzer der Cowboys, Jerry Jones, an und sagte: »Jerry, Sie bekommen durch diesen Deal, was Sie wollen, Minnesota bekommt, was es will. Aber mein Klient Walker verliert dadurch

Marketingmöglichkeiten. Ich rufe an, um Ihnen mitzuteilen, dass Walker nicht nach Minnesota gehen wird, es sei denn, Sie entschädigen ihn für den Umzug. Wir wollen 1,25 Millionen Dollar zahlbar in einem Pauschalbetrag bis morgen, oder der Deal wird nicht über die Bühne gehen.«

Zu Johnsons Überraschung stimmte Jones zu, und das Geld wurde am nächsten Tag an unser Büro in Cleveland telegraphiert.

Im nachhinein ist es leicht, zu sagen, dass Johnson sich nicht hätte wundern brauchen. Johnson hatte einige entscheidende Druckmittel auf seiner Seite. Herschel Walker hatte sein Geld gut angelegt. Er brauchte nicht Football zu spielen, um seinen Lebensunterhalt zu verdienen. Es gab viele andere Dinge, die er tun konnte, und sowohl Dallas als auch Minnesota wußten das.

Aber ich bin überzeugt, dass Johnsons größtes Druckmittel (und wirkliche Leistung) sein Wille war, die Regeln in Frage zu stellen, mit denen Dallas und Minnesota spielten. NFL-Besitzer hatten siebzig Jahre lang Spieler ungestraft unter sich gehandelt. Das System paßte ihnen hervorragend ins Konzept. Warum auch nicht? Sie schrieben die Regeln. Bis zu Herschel Walkers Verkauf hatte noch nie ein Spieler die Besitzer herausgefordert und gesagt: »Ich sehe, was Sie aus diesem Deal herausholen, aber was ist für mich dabei drin?«

Das ist das Schöne daran, wenn man die Regeln in Frage stellt. Wenn Sie erst einmal jeden Zug der anderen Seite als einseitige Entscheidung betrachten, die ohne Sie getroffen wurde, suchen Sie nach einer Möglichkeit, um sich selbst in diesen Entscheidungsprozeß mit einzubringen. Aber Sie können sich erst dann einbringen, wenn Ihnen klar ist, wie rücksichtslos und raffiniert die andere Seite Sie bisher herausgehalten hat.

Der Mythos vom Verhandlungstisch

Ich bin überrascht, wenn ich von Geschäftsleuten höre, wie wichtig ihnen der Verhandlungstisch ist. Die Dinge würden besser, wenn sie die andere Seite erst einmal dazu gebracht hätten, am Verhandlungstisch Platz zu nehmen. Sie betrachten andere abschätzig, weil sie »Geld auf dem Tisch haben liegen lassen«.

Ich weiß nicht, wie das bei Ihnen ist, aber meine erfolgreichen Verhandlungen wurden selten an einem Tisch geführt. Die entscheidenden Punkte einer Übereinkunft wurden viel eher am Telefon oder bei einem netten Essen in einem Restaurant oder mittels Faxen und Briefen oder durch Mittelsmänner (Agenten, Broker, Anwälte usw.) festgelegt, die ebenfalls Telefone, Mittagessen, Briefe oder Faxe verwendeten.

So weit ich informiert bin, lieben es eigentlich nur Diplomaten und Gewerkschaftsführer, ihre Verhandlungen am Tisch zu führen. Ich bin nicht sicher, ob sie sich um einen Tisch versammeln, um ihre Kriege und Arbeitskämpfe als öffentliche Veranstaltung in Szene zu setzen (so dass man sehen kann, dass sie tatsächlich etwas tun). Aber die Fruchtlosigkeit der meisten dieser Verhandlungen – die selten beide Seiten befriedigen und Wochen, Monate, teilweise sogar Jahre in Anspruch nehmen – könnte auf das Vorhandensein eines Tisches bezogen werden.

Fast jede Verhandlung funktioniert besser ohne Tisch. Ein Tisch in einem Raum ist ein starkes Symbol, und keiner der Symbolgehalte ist gut. Indem man Menschen auf gegenüberliegende Seiten eines Tisches plaziert, wird ein Tisch buchstäblich zu einer trennenden Barriere. Das Verfahren wird formalisiert, was die Beteiligten verhärtet und sie daran erinnert, ihr »Spielgesicht« aufzusetzen. Wenn es ein großer Tisch in einem großen Raum ist, dann sitzen automatisch viel mehr Leute dabei, nur um die vielen Sitze zu füllen, und das macht eine Verhandlung nur komplizierter.

Ich glaube, man kann außerhalb des üblichen Geschäftsumfeldes viel mehr zustande bringen. Deshalb habe ich immer Golfplätze, Restaurants, Sportveranstaltungen und andere gastliche Umgebungen für meine Verhandlungen vorgezogen. Das quasisoziale Umfeld scheint die Beteiligten unbefangener und zustimmungsbereiter zu machen.

Ich weiß, wie entscheidend eine vergiftete Atmosphäre bei einer Verhandlung sein kann, weil ich gesehen habe, wie es die Menschen (auch mich) ansteckt, wenn die andere Seite die atmosphärischen Bedingungen kontrolliert.

Vor einigen Jahren ging ich mit einem Freund, der wesentlich wohlhabender und interessierter an teuren Juwelen ist, als ich es je sein werde, in einen Juwelierladen auf der Fifth Avenue in New York. Nennen wir ihn den Mogul. Der Mogul wollte eine Smaragdhalskette für seine Frau kaufen. Der Besitzer des Ladens muss in dem Mogul einen sehr seriösen Käufer erkannt haben, denn wir wurden sofort aus dem Hauptladen herausgeführt, durch ein paar holzgetäfelte Flure in einen Privatraum, wo die ganzen Wände, Teppiche, Möbel und Blumen in Variationen von Weiß und Beige gehalten waren. In diesem kalten, gedämpften, buchstäblich farbfreien Raum glitzerten die Smaragde und Rubine in den Schaukästen wie Theaterscheinwerfer.

Als der Ladenbesitzer damit begann, dem Mogul immer wertvollere Smaragde zur Prüfung vorzulegen, schien es so, als sei jedes Gefühl für Realität aus diesem Raum herausgenommen worden. Es gab keinerlei Geräusche, keine Farbe, keinerlei Ablenkung von der Außenwelt und kein Gefühl für den relativen Geldwert, der in diesem cremefarbenen schoßähnlichen Raum vorherrschte. Alles, was blieb, waren Smaragde, die mit anderen Smaragden verglichen wurden.

Da der Juwelier seine Präsentation sorgfältig gesteigert hatte – jede Halskette war beeindruckender und kostspieliger als die vorige –, war vorauszusehen, dass der Mogul die teuerste vorziehen würde. Der Preis betrug 350 000 Dollar. Es war die klassische Verkaufstechnik, den Preis hochzutreiben – wenn der Mogul sofort gekauft hätte.

Aber dann tat der Mogul etwas Unvorhersehbares. Er flüsterte mir zu: »Ich mag diese, aber ich werde sie nicht in diesem Raum kaufen, gehen wir raus hier.« Am nächsten Tag rief er den Juwelier an und bot ihm 125 000 Dollar weniger für die Halskette. Der Manager machte ein paar vergebliche Anstrengungen zu protestieren, er sagte, er verhandle nicht, sein Laden sei kein türkischer Basar, aber schließlich bekam der Mogul seine Halskette zu diesem Preis.

Im nachhinein hatte der Juwelier die Verhandlung in dem Moment verloren, als der Mogul den Raum verließ. Der Mogul kannte sich aus mit Juwelen. Er wußte, was ein fairer Preis in einem Geschäft war, wo die Preisgebung extrem unterschiedlich ausfällt (und manchmal auch in Wucher ausartet). Er wußte, wann er über den Tisch gezogen werden sollte. Dem konnte er sich innerhalb des Ladens nicht wirklich widersetzen. Er war schließlich ein Kunde.

Aber er wußte ebenfalls, um über den Preis verhandeln zu können, brauchte er einen anderen Schauplatz. Solange er im Laden war, konnte der Juwelier sein niedrigeres Angebot immer damit untergraben, dass er ihm Juwelen in einer niedrigeren Preisklasse anbot.

Außerhalb des Ladens, am Telefon, hatte der Juwelier diese Möglichkeit nicht. Er konnte nur um den Preis feilschen. Außerhalb des Ladens konnte der Mogul auch objektiver und disziplinierter sein. Die Halskette lag nicht vor ihm, sie betörte ihn nicht mit ihrer Schönheit und brachte ihn nicht in Versuchung, beim Preis nachzugeben. Der Mogul wußte, wenn er erst einmal aus dem Laden war, konnte er auch die Halskette hinter sich lassen.

Ich erwähne dieses Ereignis als Beispiel für die verführerische und möglicherweise negative Macht des Schauplatzes einer Verhandlung. Das Fehlen eines formalen Verhandlungstisches kann die Dinge vorwärtstreiben. Natürlich dürfte das nicht immer zu Ihrem Vorteil verlaufen, vor allem, wenn die andere Seite die Umgebung völlig unter Kontrolle hat.

Aber das Umfeld kann auch einen positiven Effekt auf eine Verhandlung haben.

Ein Schweizer Unternehmer bat mich einst, ihm dabei zu helfen, ein Golfspiel außerhalb von Paris mit einem hohen Pariser Regierungsbeamten zustande zu bringen. Mein Schweizer Freund hatte Waren an die Regierung verkauft, war aber hinsichtlich einiger wichtiger Teilaspekte in eine Sackgasse geraten. Er dachte, dass die Verhandlungen besser verliefen, wenn er den Beamten aus seiner Umgebung herausbringen könnte. So bat er um meine Hilfe. Ich brachte einen bekannten Golfspieler mit, den der Beamte bewunderte. Das machte den Ausflug zu etwas Besonderem.

Es war schon deshalb eine interessante Golfrunde, weil der französische Beamte und mein Schweizer Freund entsetzlich schlecht spielten. Im Laufe des Tages schien ihr armseliges Spiel sie jedoch einander näherzubringen. Das Protokoll bei »Golftransaktionen« muss bezüglich der Frage, wie man die Geschäfte ins Gespräch bringt, sehr sensibel geführt werden. Es ist ein stilles, unausgesprochenes gegenseitiges Einverständnis. Aber am 10. Loch waren beide Männer so schlecht, dass sie bereit waren, über alles zu sprechen, nur nicht über Golf. Als wir dann zum Klubhaus kamen, hatten die beiden Männer alle ihre Differenzen aus dem Weg geräumt und kritzelten ihre Übereinkunft auf eine Serviette.

Ich weiß bis heute nicht, ob es der schöne Tag war, der sie so offen füreinander machte, oder ihr armseliges Spiel. Aber ich weiß, dass es jeder Verhandlung nur förderlich sein kann, wenn man die Beteiligten aus der normalen Geschäftsumgebung heraus und für vier oder fünf Stunden in eine freundliche Atmosphäre hineinbringt.

Wenn Sie auf eine Entscheidung drängen, werden Sie feststellen, dass die meisten Leute gar keine Lust haben, ihre Zeit mit Feilschen und Zanken zu verbringen. Das hat nichts damit zu tun, dass sie nicht verhandeln wollen. Sie lieben den freundlichen Wettbewerb, das Manövrieren, die Entwicklung einer Strategie und deren Ausführung. Aber mehr als alles andere wollen sie zu einer Übereinkunft kommen. Je weniger Zeit, Anstrengung und Konfrontation das kostet, desto besser.

Ich bin sicher, dass genau das abgelaufen ist, wenn Leute mit den Abschlüssen prahlen, die sie bei ein paar Drinks oder einem Essen oder einer Runde Golf ausgehandelt haben. Wenn sie ins Büro zurückkommen und schwingen die Serviette, auf der sie die Bedingungen des Deals gekritzelt haben, dann denke ich oft, sie freuen sich mehr darüber, wie schnell sie ein Übereinkommen ausgehandelt haben, als über die tatsächlichen Bedingungen. Die Serviette beweist ihr Verhandlungsgeschick. Tatsächlich ist es eine Bestätigung für eine Verhandlung in einer ungezwungenen, quasi gesellschaftlichen Umgebung. Es ist ein positiver Beweis dafür, dass es besser ist, den Verhandlungstisch zu verlassen.

Entscheiden Sie aus dem Bauch heraus, aber entscheiden Sie dabei vorsichtig

Der Sohn eines Freundes, der seit fünf Jahren sein eigenes Unternehmen führt, erzählte mir kürzlich, dass der härteste Teil seines Jobs darin besteht, zu lernen, seinen guten Instinkten zu vertrauen, wenn man vor einer großen Entscheidung steht.

Er sagte: »Ich bin ein Opfer meiner Business-School-Ausbildung. Man hat mir beigebracht, an elektronische Tabellen, Forschungs- und Entscheidungsbäume und Simulationsprogramme zu glauben. Je mehr Daten ich sammeln konnte, desto klüger meine Entscheidungen. Die Professoren haben mir nie erzählt, dass ich mich normalerweise einfach durchwursteln muss.«

In der Tat habe ich immer gedacht, das größere Problem bestünde nicht darin, zu lernen, seinem Bauch zu trauen, sondern, ihm nie zu sehr zu vertrauen. Es gehören nur wenige kluge Entscheidungen dazu, wie Sie ihr Geschäft aufbauen – wenn das Unternehmen klein und die Entscheidungen risikoreich, aber relativ unkompliziert sind –, um Sie glauben zu machen, dass Sie einen »goldenen Bauch« haben, dass Ihre Instinkte unfehlbar sind. Ich habe den harten Weg kennengelernt, den Sie durchlaufen müssen, um selektiv zu sein, wenn Sie sich auf Ihre Intuition verlassen. Jeder erfahrene Verhandlungsführer wird Ihnen erzählen, dass jede Transaktion Teil eines kontinuierlichen und demütigenden Lernprozesses ist, wann man sich nur nach seinem Bauch richtet und wann man reale Anhaltspunkte verwenden sollte. Die folgenden Faktoren können Ihnen ein bißchen mehr Glauben an Ihre Instinkte verleihen:

1. Handelt es sich um eine Entscheidung oder eine Reaktion aus dem Bauch?

Eine Entscheidung aus dem Bauch ist die Wahl, die Sie zu treffen haben, nachdem sie alle Fakten gesammelt und gut verdaut haben. Eine Reaktion aus dem Bauch ist dieselbe Wahl, nachdem Sie nur einen Fakt gehört haben.

Entscheidungen aus dem Bauch können langsam getroffen werden, ruhig und vertrauensvoll; sie basieren auf dem Instinkt und der Erfahrung und werden gemildert durch Informationen und eine breite Meinungspalette. Reaktionen aus dem Bauch sind das Gegenteil. Sie werden schnell, emotional und häufig irrational getroffen; sie basieren auf einem Instinkt, der überwältigt ist von einer zwingenden Information oder der Hitze des Augenblicks.

Sie denken vielleicht, die meisten Menschen kennen den Unterschied, sie erkennen die innewohnenden Gefahren von Reaktionen aus dem Bauch und sind sich der Zeiten bewußt, wo sie davon abhängen. Aber dem ist bei weitem nicht so.

Betrachten Sie einmal die Entscheidung, Aktienkapital eines Unternehmens zu kaufen, eine Entscheidung, die eine Million Erwachsene an jedem Wochentag in Amerika treffen. Theoretisch sollte der Kauf eines Aktienpakets angesichts der Tatsache, wie die Presse tagtäglich darüber berichtet, eine Entscheidung sein, die mit zu den bestinformierten gehört, die Sie treffen können. Aber wie viele Menschen gründen ihre Entscheidung auf einen Tip, den sie beim Essen oder durch die Prahlerei eines Nachbarn gehört haben, dass er seine Investition innerhalb von zwei Wochen verdoppelt habe. Dieser einzelne Fakt bringt Sie in Erregung und nötigt Sie, Ihren Broker anzurufen. Dieselben Leute, die sich in einem Haushaltswarengeschäft eine halbe Stunde Zeit nehmen, um zwischen drei verschiedenen Toastern im Wert von 30 Dollar zu entscheiden, verspielen munter einen gewaltigen Batzen ihres Guthabens mit einer Reaktion aus dem Bauch.

Bevor Sie Ihren Instinkten trauen können, sollten Sie wissen, ob Sie entscheiden oder nur reagieren.

2. Verfügen Sie über eigene Regeln?

Instinkt ist per Definition keine exakte Wissenschaft; es ist noch nicht einmal eine nicht exakte Wissenschaft, sondern eine Kunstform. Sie könnten alle Texte über Spieltheorie und Entscheidungsfindung lesen und trotzdem immer noch kein praktisches Regelwerk für die Intuition haben. Das beste, was Sie tun können, ist, eigene Regeln aufzustellen, die Ihnen ein angenehmes Gefühl geben und häufiger funktionieren, als dass sie versagen. Entscheidend ist dabei, dass Sie ihren Regeln treu bleiben.

Wenn ich eine Regel über gute Instinkte habe, dann würde ich das die Regel vom fehlenden Stück nennen. Wenn ich gezwungen bin, in einer Verhandlung eine Entscheidung zu treffen, dann schaue ich immer nach dem einen fehlenden Stück im Puzzle. Das kann ein Zweifel am Charakter oder an der Zahlungsfähigkeit der anderen Seite sein, aber wenn ich das fehlende Stück erkenne, und niemand kann es mir erklären, dann sagt mir mein Bauch: »Laß es!« Es ist keine exakte Regel, aber ich komme gut damit klar.

Diese Regel kann man nicht bei jeder Verhandlung anwenden. Es gibt manche Situationen, wo ich einfach nicht schlau genug bin, um das fehlende Stück zu erkennen. Zum Beispiel weiß ich nichts über Computer. Wenn unsere Mitarbeiter um zusätzliche 10 Millionen Dollar für unser Computernetzwerk verhandeln, weiß ich nicht mal genug darüber, um kluge Fragen zu stellen. In diesem Fall vertraue ich ihnen und nicht meinem Bauch.

Dieser Ansatz funktioniert auch bei Quasi-Verhandlungen wie Personalentscheidungen. Wenn ich überlege, ob ich jemanden einstelle, und es gibt im Hintergrund ein fehlendes Stück – eine unerklärliche Lücke in der Anstellungsgeschichte, ein Geheimnis bezüglich seines plötzlichen Abgangs von seiner letzten Arbeitsstelle, ein mittelmäßiges Zeugnis –, dann lautet meine Bauchentscheidung: »Stelle diese Person nicht ein.« Viele würden dieses fehlende Stück übersehen oder im Zweifel zugunsten des Kandidaten entscheiden. Sie würden eine Bauchentscheidung treffen, aber es ist ein Risiko.

Auch ich treffe eine Bauchentscheidung. Aber sie basiert auf einer persönlichen Regel, die Risiko ausschaltet. Ich komme gut damit klar.

3. Werden Sie zu einer Entscheidung aus dem Bauch heraus gezwungen?

Der wichtigste Grund, warum Menschen auch Bauchentscheidungen treffen, ist, dass andere sie dazu zwingen. In einer Welt, wo Verkäufer ihre Kunden mit Produkten reizen, die »nur einen Tag zum Verkauf stehen«, ist es leicht zu erkennen, wie wir in diese Falle tappen. Es hilft nichts, dass jedermann Bestimmtheit mit schnellen statt mit klugen Entscheidungen gleichzusetzen scheint.

Um die Bauchentscheidungen bei einer Transaktion zu verringern, müssen Sie lediglich eine Pause einlegen und sich fragen: »Warum werde ich gedrängt, der anderen Seite zuzustimmen?« Wenn niemand eine akzeptable Antwort liefern kann, dann ist das einzige, was Ihnen Ihr Bauch sagen sollte: »Mach langsam!«

4. Handeln Sie vertrauensvoll, nachdem Sie Ihrem Bauch gefolgt sind

Wie Sie handeln, nachdem Sie eine Entscheidung aus dem Bauch heraus entweder zum Positiven oder zum Negativen hin getroffen haben, ist wichtiger als das, was Sie vorher gesagt oder getan haben. Das macht Sinn. Wenn Sie mit dem erzielten Übereinkommen vertrauensvoll umgehen (ohne Rücksicht darauf, wie Sie sich wirklich fühlen), dann werden auch andere Vertrauen fassen. Wenn Sie (vor allen Leuten) Zweifel äußern, welcher Grund sollte dann für irgend jemand anderen existieren, Vertrauen in die Transaktion zu setzen?

Das mag das wichtigste sein, was man über das Vertrauen in die eigenen Instinkte wissen muss. Wenn Sie einmal Ihrem Bauch gefolgt sind, schauen Sie nicht zurück und kritisieren im nachhinein das Ergebnis. Wenn Sie es doch tun, werden alle anderen dasselbe tun.

Es ist ein Vorteil, wenn man weiß, wie Unternehmen wirklich arbeiten

Fila, die italienische Firma für Sportbekleidung, war nicht immer ein gigantisches multinationales Unternehmen. Mitte der siebziger Jahre war es eine unerfahrene Organisation, die einen großen Teil ihrer Zukunft in Tennisbekleidung auf eine Fertigungs- und Lizenzverbindung mit unserem Klienten Björn Borg setzte. Ich habe die Fila-Leute immer sehr dafür bewundert, wie es ihnen gelungen ist, diese Beziehung zu ihrem Vorteil zu nutzen.

Schon im Frühstadium dieser Beziehung erkannten sie, dass es für ihre Investition nur gut sein konnte, wenn sie möglichst viel von Borgs Zeit für Werbezwecke erhalten könnten. So entwickelten sie eine sehr kluge Taktik – die intern unter dem Namen »der Fila-Trick« bekannt wurde –, um Borgs Verfügbarkeit zu beurteilen. Sie stellten mehreren Mitarbeitern in unserer Firma die Frage, wieviel Zeit Borg wohl zur Verfügung stehen würde. Da sie in der ganzen Welt mit uns Geschäfte betrieben, hatten sie einen guten Überblick. Sie verwendeten die Informationen, die sie in Australien erhielten, zu ihrem Vorteil in Japan; und was man ihnen in Japan erzählte, zu ihrem Vorteil in England; dasselbe taten sie in Paris, Stockholm, Mailand, bis sie um den Globus herum waren.

Wir waren immer erstaunt darüber, wie gut die Fila-Leute über Borgs Zeitplan Bescheid wußten, bis wir ihr Geheimnis herausfanden: Sie hatten in unserer Organisation einen Schwachpunkt entdeckt – dass sich nämlich unsere verschiedenen ausländischen Büros nicht immer richtig miteinander absprachen –, und verwendeten dies gegen uns.

Aus dieser Episode zog ich eine wichtige Lehre für Verhandlungen. Jede Organisation hat ihre organisatorischen Lücken. Wenn man diese Lücken herausfindet, kann man jede Organisation ausheben, egal wie unergründlich oder beeindruckend sie für einen Außenseiter aussehen mag.

Das institutionelle Erinnerungsvermögen ist eine dieser Lücken, die faszinierende Folgen für die Verhandlungen hat.

Ich war schon immer überzeugt davon, dass die »Geschichtsträger« in einer Firma zu den wertvollsten Mitarbeitern gehören – sie arbeiten schon dreißig oder mehr Jahre in der Firma und können sich an viele Einzelheiten aus der frühen Ära erinnern. In manchen Fällen sind diese Veteranen vielleicht nicht ganz so aktiv oder produktiv, wie sie einmal waren, liefern aber immer noch sehr wertvolle Dienste. Bei Konferenzen können sie Perspektiven und einen historischen Bezugsrahmen aufzeigen. Wenn Ihre »jungen Wilden« mit einer aufregenden Idee daherkommen, dann ist es gut, einen Erfahrenen im Raum zu haben, der mit großer Autorität sagen kann, dass diese Idee nicht so neu ist, dass die Firma sie schon vor zwanzig Jahren ausprobiert hat, und können dann fünf Gründe anführen, warum sie nicht funktionierte und möglicherweise auch jetzt nicht funktionieren wird. Menschen wie sie bilden das institutionelle Erinnerungsvermögen einer Firma. Sie sind unbezahlbar.

Die Zeiten ändern sich jedoch. Mit all den Kürzungen und Frühverrentungen sowie der allgemeinen Steigerung der Mobilität von Führungskräften habe ich feststellen müssen, dass viele Unternehmen ihr institutionelles Erinnerungsvermögen verloren haben. Nicht nur sind die älteren Führungskräfte nicht mehr da, sondern auch die Leute, mit denen Sie noch vor vier oder fünf Jahren Geschäfte gemacht haben, haben gewechselt und arbeiten jetzt für andere Firmen.

Das fiel mir besonders auf, als ein ausländischer Verlag sein Interesse an den Rechten für ein fünf Jahre altes Buch eines Autoren zeigte, den wir repräsentierten. Leider kontrollierte der ursprüngliche Verlag jene spezifischen Rechte – und sie zurückzubekommen, hätte uns mehr Geld gekostet, als wir mit dem neuen Verkauf hätten verdienen können. Dann machte eine unserer Führungskräfte eine interessante Beobachtung: Keiner derjenigen, die damals bei der Produktion des Buches mit dabei waren, war noch bei dem Verlag angestellt. Der Cheflektor, der das Buch gekauft hatte, der Geschäftsführer, der den dicken Scheck genehmigt hatte und der Lektor, der das Manuskript redigierte, waren alle zu Konkurrenzverlagen gegangen. Die neuen Mitarbeiter waren mit ihren augenblicklichen Projekten so beschäftigt, dass sie keinerlei

Anhaltspunkte über die Rechte, die sie an dem Buch noch hielten, hatten, und sie kümmerten sich wahrscheinlich auch gar nicht darum.

Unser Mitarbeiter argumentierte noch weiter. Wenn bei dem Verlag keinerlei Interesse oder Erinnerung an das Buch vorhanden war, konnten wir vielleicht die in Frage kommenden Rechte noch einmal verkaufen und niemand würde sich darum kümmern. Unsere Rechtsabteilung stoppte diese Idee sofort. Aber diese Einsicht ermutigte uns dazu, an die Verleger heranzutreten, um die Rechte an uns abzutreten – was diese dann auch problemlos taten. Ich bezweifle, dass die Dinge so einfach verlaufen wären, wenn jemand, der am Originalvertrag beteiligt gewesen war, noch dort gearbeitet hätte.

Eine andere interessante Lücke ist der omnipräsente Konflikt zwischen der Agenda des Unternehmens und der einzelner Mitarbeiter.

Jedes Unternehmen hat Mitarbeiter mit persönlichen Zielen, die mit den Zielen der Organisation nicht übereinstimmen. Wenn Sie dieses Problem mit einem Ihrer Mitarbeiter haben, können Sie ihn manchmal einfach dafür gewinnen, Ihren Bedingungen zuzustimmen, wenn Sie seinen persönlichen Zielen gerecht werden. Ich weiß das, weil es Mitarbeiter gegeben hat, die diese Taktik bei uns angewendet haben.

Wir hatten einst einen Verkaufsleiter, der jedes Jahr eine große Zahl an Verkäufen tätigte. Das war gleichzeitig eine Tugend und ein Mangel. Eine Tugend, weil er viel verkaufte und folglich viel schnelles Geld einbrachte. Ein Mangel deshalb, weil er der anderen Seite immer zu schnell nachgab. Er konnte einen Raum nicht verlassen, ohne einen Abschluß getätigt zu haben. Folglich bekam er nicht immer den besten Preis für unsere Klienten und Vermögenswerte. Wenn er geduldiger gewesen wäre und bereit, den Raum zu verlassen und einen Monat zu warten oder zwei, bis der Kunde begieriger war, oder wenn er etwas innovativer gewesen wäre und andere Bereiche unseres Unternehmens in das Geschäft mit einbezogen hätte, hätte er einen wesentlich besseren Preis erzielt.

Doch für dieses Problem bin in erster Linie ich verantwortlich –

denn es fing damit an, wie ich seine Leistung beurteilte und belohnte. Da ich seine finanziellen Bezüge daran maß, wieviel Geld er seiner Abteilung einbrachte, machte es Sinn, dass er nur die Produkte seiner Abteilung verkaufte. Wenn ich die Kriterien geändert und Verkäufe hinzugerechnet hätte, die er für andere Bereiche des Unternehmens tätigte, wäre er vielleicht geduldiger gewesen und hätte größere Abschlüsse zustande gebracht.

Das Interessante an dieser Situation war, dass einige der Kunden, mit denen er verhandelte, über ihn Bescheid wußten – und so lieber mit ihm Geschäfte machten als mit anderen Mitarbeitern, die härter feilschten. Das war eine Lücke in unserer Organisation, und ein paar Jahre lang gelang es einigen Außenseitern, die über eine gute Beobachtungsgabe verfügten, Nutzen daraus zu ziehen.

Talente sollten sich nicht um Geldfragen kümmern

Im Lauf der Jahre war es ein großer Segen für uns, dass sich unsere Klienten nur wenig in unser Kundenmanagement einmischten. Wir erzählen unseren Superstars nicht, wie sie eine massierte Verteidigung knacken oder einen Topspin-Lob schlagen sollen, und sie sagen uns umgekehrt auch nicht, wie ein Deal aufzubauen oder ihre Dienste zu verkaufen sind.

Neulich wurde ich an diese gar nicht so geringe Segnung durch einen unserer jungen Führungskräfte erinnert, der um Hilfe bei einem Klienten bat, der darauf bestand, bei den Geschäftstreffen anwesend zu sein.

Es gibt drei Situationen, wo der Klient dabeisein sollte:

a) Wenn der Klient besser Bescheid weiß als Sie. Theoretisch sollten Sie klüger sein als Ihr Klient. Falls nicht, warum braucht er Sie dann? Aber ich kann mir Situationen vorstellen, wo der Klient anwesend sein sollte. Wenn ich wegen einer Handelsvereinbarung für ein neues elektronisches Spielzeug verhandle, dann ist es von großem Vorteil für mich, wenn ich den Erfinder des Spielzeugs dabei habe. Ich weiß zwar viel über Vermarktung, aber der Klient kennt sich mit dem Gerät aus.

b) Wenn der Klient eine persönliche Beziehung zur anderen Seite hat. Es ist immer nett, mit Freunden Geschäfte zu machen. Wenn diese Freunde eine persönliche Nähe zu Ihren Klienten haben, dann sind sie an bestimmten Stellen vielleicht entgegenkommender, wenn der Klient dabei ist.

c) Wenn das Auftreten des Klienten den Deal zum Abschluß bringen kann. Manchmal kann die Anwesenheit eines Superstars bei einem Treffen die andere Seite zum Handeln zwingen. Wir können monatelang für einen Superstar verhandeln. Wenn wir ihn aber zur nächsten Konferenz mitbringen, hat seine Anwesenheit einen irgendwie elektrisierenden Effekt auf die Diskussion. Jeder ist wachsamer, ernsthafter und entgegenkommender. Zu sagen: »Ihr Superstar ist den Preis, den Sie verlangen, nicht wert«, ist schließlich wesentlich schwieriger, wenn der Superstar anwesend ist.

Ich glaube aber trotzdem fest daran, dass »Talente« – und das bedeutet alle von Sportlern, Künstlern, bis zu Autoren, Rundfunksprechern oder Cartoonisten – bei Geschäftsverhandlungen nicht anwesend sein sollten.

Diese tun besser daran, ihre Zeit zu nutzen, um ihren speziellen Sport, ihre Kunst oder ihr Kunstgewerbe zu perfektionieren. Das macht sie zu etwas Besonderem. Viele können einen Vertrag aushandeln. Nur wenige können einen Tennisball schlagen wie Pete Sampras oder eine Puccini-Arie singen wie Kiri Te Kanawa.

Außerdem denke ich, dass es möglicherweise für Talente, besondere Leistungsträger oder kreative Menschen entmutigend ist, mit harten Geldgeschäften zu tun zu haben. Das kann zu einer Barriere zwischen dem Talent und dem Publikum führen. Meine Regel lautet: »Talent sollte sich nie ums Geld kümmern.« Ich beziehe das auch auf mich. Ich bin ein erfahrener Geschäftsmann, aber wenn ich als Autor oder Dozent tätig bin, dann lasse ich andere die finanziellen Bedingungen dafür aushandeln. Ich fasse das Geld nicht an, denn ich möchte nicht, dass bei den Verhandlungen irgendwelche unpassende Gefühle aufkommen, die sich dann auf meinen Beitrag übertragen.

Ich glaube auch, dass die meisten Talente vom Temperament her nicht für dieses einzigartige Geben und Nehmen, das zu einer geschäftlichen Transaktion gehört, geeignet sind. Obwohl ich Sportler kennengelernt habe, die sehr raffinierte und erfolgreiche Geschäftsleute sind, ist meine allgemeine Erfahrung, dass ein Killerinstinkt auf dem Spielfeld nicht unbedingt zu einem Killerinstinkt am Verhandlungstisch wird. Die Regeln im Business sind nicht so klar definiert wie zum Beispiel beim Golf oder beim Tennis. Sportler, die immer innerhalb der Regeln gespielt haben, können nicht immer verstehen oder akzeptieren, dass Geschäftsleute ständig hart an der Linie oder gar jenseits von ihr agieren.

Ich lernte das schon früh bei Arnold Palmer, der schon von Natur aus immer innerhalb eines strikten und engen Verhaltenskodex gehandelt hat. Arnold wuchs in einer Familie auf, die all die noblen und offenen Tugenden vor allem im Geschäftsleben verkörperte. Man begann erst zu spielen, wenn die Karten auf dem Tisch lagen. Arnold hatte keine Verwendung für die Schachzüge und Feinheiten des Verhandelns. Bestenfalls betrachtete er dies als Zeitverschwendung und schlimmstenfalls als Betrug. Er sah nicht, worin die Notwendigkeit liegen sollte, aufzustehen und aus dem Raum zu gehen, wenn die Dinge schlecht liefen, oder jemandem zu erzählen, der Deal wäre aus, wenn er in Wirklichkeit noch gar nicht aus war. Und er konnte es nicht ausstehen, wenn man gelegentlich die Stimme erhob. Als Anwalt, darauf trainiert, ein sprachlicher Gegner zu sein, betrachtete ich eine erhitzte Debatte als Teil des Verhandlungsprozesses. Als Golfspieler, darauf trainiert, ein Sportsmann und Gentleman zu sein, betrachtete Arnold eine erhobene Stimme als einen persönlichen Affront und eine Aufforderung, zu den Waffen zu greifen.

Arnold und ich aßen einst in Chicago mit einem Unternehmer zu Abend, der eine Fernsehshow mit Arnold machen wollte. Als wir die Bedingungen diskutierten, wurde das Gespräch zwischen dem Unternehmer und mir gereizt. Scharfe Worte flogen über den Tisch. Arnold schaute dabei zu und geriet in echte Verlegenheit wegen uns, als ob er in einen häßlichen häuslichen Streit hineingeraten wäre. Er verstand bestimmt, dass ein Teil davon nur ein Positionskrieg von meiner Seite aus war, aber die Szene behagte ihm trotzdem überhaupt nicht. Als wir das Restaurant verließen, wandte sich Arnold an mich und sagte: »Nehmen Sie mich nie mehr zu so etwas mit, Mark. Ich hätte diesem Kerl am liebsten eine aufs Maul gehauen.«

Ich habe versucht, dieser Ermahnung seitdem immer zu folgen.

Den Klienten außerhalb des Raumes zu halten, ist auch ein Verkaufsvorteil. Es ist weit einfacher, die Talente und Tugenden eines Superstars zu rühmen, wenn dieser nicht dabei ist. Das letzte, was ich bei einer Verhandlung gebrauchen kann, wo ich leidenschaftlich die Talente des Klienten verkaufe, sind irgendwelche privaten, sich selbst abwertenden Geräusche des Klienten, die aus der Ecke des Raumes kommen. Während es den Klienten vielleicht menschlicher macht, unterminiert es völlig meine Verhandlungsposition.

Klienten können auch die Logik und das Muster einer Verhandlung zerstören. Sie unterbrechen. Sie beantworten bereitwillig Fragen, die mit dem Geschäft der anderen Seite nichts zu tun haben. Sie haben keine Übung darin, ihre wahren Gedanken zu verbergen. Schon zu Beginn meiner Arbeit wollte ich die verschiedenen Verhandlungspunkte in einer bestimmten Ordnung präsentieren. Aber ich stellte fest, dass, wann immer Arnold Palmer oder Gary Player oder Jack Nicklaus bei den Gesprächen dabei waren, sie irgendwelche Fragen beantworteten und damit mein Verhandlungsmuster veränderten. (In vielen Fällen war das nicht unbedingt ihr Fehler; die andere Seite war so raffiniert, sich an sie zu wenden, statt mit mir zu verhandeln.) Ich lernte dabei, dass ich den Klienten einen Gefallen tue, wenn ich sie zu den Verhandlungen nicht mitnehme.

Der beste Grund, den Superstar aus den Verhandlungen draußen zu lassen, ist, sich selbst eine Rückgreifposition bei jedem Verhandlungspunkt zu geben. Wenn die andere Seite eine harte Frage stellt, die Sie in diesem spezifischen Augenblick nicht beantworten wollen, dann können Sie nicht sagen: »Ich muss das mit meinem Klienten ausmachen«, wenn der neben Ihnen sitzt.

Der Nutzen ohne Vertrag zu arbeiten

Wenn Sie bei einer geschäftlichen Transaktion die Wahl hätten, was würden Sie vorziehen? Die mündliche Vereinbarung? Oder die Unterschrift unter einen Vertrag?

Eine unserer jüngeren Führungskräfte kam kürzlich mit diesem Problem zu mir. Seit sechs Wochen arbeitete sie an einem Projekt für einen wichtigen Kunden – ohne Vertrag. Der Kunde versicherte ihr, dass unsere Firma den Auftrag hätte und dass ihre Rechtsabteilung die Schreibarbeit erledigen würde. Aber sie war sich nicht sicher. »Wie«, wollte sie wissen, »bekommen wir sie dazu, zu unterschreiben, bevor wir so viel Arbeit in das Projekt stecken, dass sie alles bestimmen und wir nicht mehr zurück können?«

Ohne Vertrag zu arbeiten, geschieht im Geschäftsleben weit häufiger, als Sie vielleicht denken. Und wie unsere junge Führungskraft gibt es viele Menschen, die darin keinen Nutzen entdecken können.

Wenn Sie mit dem Kunden schon früher gearbeitet haben, ist das Risiko minimal. Man arbeitet offensichtlich gern mit Ihnen. Wenn es ehrbare Leute sind, werden sie ihr Wort halten. Wenn sie nicht ehrlich sind, dann bezweifle ich, dass ein Vertrag Sie wirklich schützen kann. (Und warum würden Sie mit ihnen verhandeln?)

Aber wichtiger ist: Als der Verkaufende sind Sie nicht der einzige, der ohne Vertrag ein Risiko eingeht. Dem Käufer geht es genauso – denn je mehr Arbeit Sie für ihn leisten, desto mehr wird er sich Ihnen verpflichtet fühlen.

Im Laufe der Jahre arbeiteten wir häufig monatelang an Projekten, ohne einen Vertrag unterschrieben zu haben. Es hat dabei Momente gegeben, da gingen wir ins zweite Jahr einer Transaktion, bevor noch der Vertrag fürs erste Jahr unterschrieben worden war. Meine seit dreißig Jahren bestehende Beziehung zu Arnold Palmer beruht auf einem Handschlag.

Ich sage das nicht, um die Bedeutung von Verträgen herunterzuspielen. Sie können sehr nützlich sein, wenn jemand nicht das tut, was er hätte tun sollen. Aber ich möchte auch nicht den Wert eines gegebenen Wortes herunterspielen.

Ein gegebenes Wort ist eine Ehrensache. Ein Vertrag ist eine juristische Sache. Nehmen wir einmal an, Sie haben sich glaubwürdig und ehrenhaft verhalten, dann wird auch die andere Seite möglichst fair zu Ihnen sein.

Ich wies unsere junge Führungskraft an, weiterzuarbeiten. Eventuell würde etwas Geld fließen (und sei es nur, um unsere Ausgaben zu decken). Es würde auch zu einer schriftlichen Korrespondenz zwischen dem Kunden und uns kommen, und das konnte als legale Bindung gesehen werden. Aber am wichtigsten war: Je mehr wir für sie arbeiteten, desto mehr wußten wir über ihre Geschäfte und desto mehr würden sie uns mögen. Man kann diese Art von Druckmittel und gutem Willen nicht kaufen oder mit einem Vertrag festlegen.

Ein Getränkeunternehmen bat uns einst, eine Reihe von Sportveranstaltungen in 12 größeren Märkten zu organisieren. Unser Honorar betrug 10 000 Dollar pro Stadt. Statt auf einen voll ausgefertigten Vertrag zu warten, tourten unsere Mitarbeiter wie der Wirbelwind durch alle 12 Städte, erkundeten Verhandlungsorte, sprachen mit Großhändlern und stellten die verkaufsfördernden Maßnahmen zusammen. Wir wußten aus Erfahrung, dass das Buchen von Verhandlungsorten im voraus (statt auf die letzte Minute) dem Klienten sehr viel Geld sparen würde.

Einige Wochen später hatte es sich der Klient noch einmal überlegt. Er wollte nur sechs Märkte – das stellte für uns einen Verlust von 60 000 Dollar an Honoraren dar. Glücklicherweise hatten wir keinen Vertrag.

Wir erinnerten den Klienten an all die Arbeit, die wir schon geleistet hatten, und an das Geld, das wir ihm durch unser schnelles Handeln im guten Glauben an seine Versicherungen gespart hatten. Da wir an dem Projekt intensiv gearbeitet hatten, wußten wir über bestimmte Märkte auch mehr als er.

Obwohl wir das Getränkeunternehmen nicht überzeugen konnten, Veranstaltungen in allen 12 Märkten zu sponsern, wie ursprünglich vorgesehen, buchte es immerhin neun.

Da es aber gesehen hatte, wie hart wir gearbeitet hatten, erhöhte das Unternehmen einfach unser Honorar pro Stadt, und wir kamen somit auf dieselbe Summe. Ich bin nicht sicher, ob die Anwälte oder Geschäftsleiter das zugelassen hätten, wenn es einen Vertrag gegeben hätte.

Es ist wichtig, den eigenen Verhandlungsstil und den der anderen zu kennen

Was ist Ihr Verhandlungsstil? Müssen Sie alle Wenns und Abers überprüft haben, bevor Sie das Gefühl haben, einen Deal abgeschlossen zu haben?

Oder reicht es Ihnen, den groben Zügen eines Übereinkommens zuzustimmen und dann weiterzumachen, als ob Sie einen Deal hätten, und sich erst später Gedanken über die Details zu machen?

Es gibt bei beiden Verhandlungstechniken nichts inhärent Richtiges oder Falsches. Sie werden bei beiden Techniken erfolgreiche Praktiker im Geschäftsleben vorfinden. Probleme gibt es, wenn gegensätzliche Stile aufeinandertreffen, wenn zwei Verhandlungsführer gegeneinander antreten – der eine sehr strikt, der andere lockerer und vertrauensvoller – und sich des Unterschieds nicht bewußt sind.

Ich bin ein ziemlich lockerer Verhandler. Ich schließe den großen Deal ab und kümmere mich um die Details später. Ich war nicht immer so, bis ich erkannte, dass es nicht darum geht, dass es hingeschrieben wird, sondern dass es gemacht wird, um den Schlüssel für das Business in den Händen zu halten.

Ich lernte das vor Jahren bei dem in Kapitel zwei erwähnten Golf-Deal mit MCA. MCA stimmte zu, 12 Golfshows pro Jahr für Network Television mit meinen Klienten Arnold Palmer und Gary Player durchzuführen. Wir befanden uns schon im zweiten Jahr der Übereinkunft, als wir den Vertrag fürs erste Jahr unterzeichneten.

Als geschulter Anwalt hatte ich nicht erkannt, dass die Unterhaltungsindustrie auf diese Weise manchmal arbeitete. Dann fing ich an, über die geschäftlichen Folgen dieser Praxis nachzudenken. Hier versuchten wir sorgfältig, all die Bedingungen eines 80seitigen Standardvertrages zu klären, aber MCA hatte bereits den Dingen zugestimmt, die bei uns aus dem Bauch kamen – Palmer und Player würden ihr Honorar für jede Sendung und einen prozentualen Anteil an den ausländischen Rechten im voraus erhalten. Der Rest des Vertrages war relativ unwichtig.

Mir schien, dass MCA sich selbst überlistet hatte. Wir machten die Sendungen. MCA bezahlte Arnold und Gary. Unterdessen hatte MCA seine Investitionen in Produktionskosten gebunden. Wenn etwas schief ging, hatten sie weit mehr zu verlieren als meine Klienten. Indem wir also den Deal abgeschlossen (aber nicht unterschrieben) hatten, hielten wir alle Trümpfe in der Hand.

Glücklicherweise hatten wir beide denselben Verhandlungsansatz: Das beste Druckmittel ist das, welches man nicht anwenden muss.

Denselben freundlichen Verhandlungsausgang können Sie nicht erwarten, wenn die Verhandlungsstile gegensätzlich sind.

Ich erinnere mich an unseren Versuch, in Europa ein Unternehmen für Sportmarketing zu erwerben, was scheiterte, weil wir dem Kollegen, den wir mit der Akquisition betrauten, nicht genug Aufmerksamkeit schenkten.

Dieser Mitarbeiter war ein klassischer Detailmensch mit einer Verhandlungsroutine, die ich für einen möglicherweise komplizierten Deal für geeignet hielt. Er mochte es, die großen Probleme zuerst zu lösen. Dann ging er weiter zu den kleineren Dingen. Jeder Verhandlungspunkt war für ihn gleich wichtig. Allen schenkte er seine ungeteilte Aufmerksamkeit, als wären es die wichtigsten Dinge auf der Welt. Sobald er ein Problem gelöst hatte, ging er zum nächsten über, bis er schließlich zufrieden war.

Der Besitzer der Firma war das genaue Gegenteil. Er war ein schneller Dealmacher, der dafür bekannt war, an den Details später herumzubasteln. Ich dachte, wenn ich eine unserer ruhigsten, konzentriertesten Führungskräfte damit beauftragen würde, könnte dieser die Aalglätte des Unternehmers kontern. Ich irrte mich.

Nach mehreren Wochen freundlichen Geplänkels berichtete unser Mann, dass wir den Deal hätten. Eine Woche später fiel das Ganze auseinander, nicht weil eine Seite nun plötzlich eine andere Meinung hatte, sondern weil die beiden Männer unterschiedlich mit den Details umgingen.

Der Bruch entstand durch eine Nichtübereinstimmung darüber, welche Seite ein paar ausstehende Kosten regeln würde. Das Geld, um das es dabei ging, war eine geringfügige Summe, nur ein Bruchteil der Gesamtsumme. Aber unser Mitarbeiter betrachtete diesen Punkt als geklärt und in Stein gemeißelt: er gab nicht nach. Der Unternehmer, der Experte darin war, Details auszulassen, damit der Deal zustande kommt, erwartete von uns, dass wir nachgaben.

Die Transaktion kam aufgrund dieses geringfügigen Budgetproblems nicht zustande, aber die Wurzel des Übels lag in den unnachgiebigen und nicht anpassungsfähigen Verhandlungstechniken der beiden Geschäftsleute.

Haben Sie sich der »reinen Mathematik« schuldig gemacht?

Zwei meiner Mitarbeiter diskutierten neulich über Kostenreduzierungen bei unseren New Yorker Geschäften. Es ging dabei um eine Wohnung, die wir in der Stadt für uns besuchende Klienten halten. Eine Mitarbeiterin behauptete, dass wir Geld aus der Wohnung herausschlagen könnten, wenn, wie sie sagte, wir in jeder Woche des Jahres einen Klienten darin wohnen ließen und dafür 500 Dollar verlangten. Multipliziert mit 54 machte das 26000 Dollar und würde die Miete decken. Sie verwendete dieselbe Kalkulation für andere Sachverhalte, so dass die Wohnung wie ein potentieller Einnahmebereich aussah.

Ein anderer Kollege unterbrach sie und sagte: »Das klingt gut, aber Sie verwenden reine Mathematik. Ich bezweifle ernsthaft, dass die Wohnung jede Woche besetzt ist.«

Ich mochte diesen Ausdruck »reine Mathematik«, weil er all die falschen aufgeblasenen Vermutungen, die unsere Entscheidungsfindung jeden Tag vergiften, zusammenfaßte. Ich denke, wir machen uns auf die eine oder andere Art alle der reinen Mathematik schuldig, wenn wir mit einer attraktiven Zahl oder Tatsache anfangen und das als Basis für eine ununterbrochene Kette von Ereignissen betrachten, um ein bestimmtes Ziel zu erreichen. Die Wahrheit ist, dass es normalerweise nicht so funktioniert. Selbst wenn wir mit ziemlich optimistischen Vermutungen operieren, passen die Dinge dann nicht so ordentlich zusammen, wie wir das gerne hätten.

Die besten Verhandlungsführer sind immer sehr wachsam gegenüber Anzeichen von reiner Mathematik – bei sich selbst und genauso bei anderen –, und sie verwenden diese Anzeichen, um ihr Urteil zu verbessern, und nicht, um es zu verdunkeln.

Seit über zwanzig Jahren nennt fast jeder, der mit einer Erfindung im Golfsport zu mir kommt, dieselben Gründe, um mich zu einer Investition zu überreden. Die Logik ist mir so vertraut, dass ich sie im Schlaf herunterbeten kann. »Es gibt 10 Millionen passionierte Golfer in Amerika«, erzählen sie mir. »Wenn wir nur 10 Prozent dazu bekommen, unser praktisches Gerät zu kaufen, bei dem wir 12 Dollar pro Stück verdienen, dann macht das 12 Millionen.«

Klingt toll, nicht war? Aber das ist genau die Art von Argumentation, die mir Angst macht. Die Zahlen sind so rosig und die Vermutungen so zufällig, dass ich genau weiß, dass ich mit dem Erfinder niemals Geschäfte machen werde. Selbst wenn er die Rate auf ein realistischeres Maß von sagen wir mal 2 Prozent herunterschraubt, bin ich noch immer nicht beeindruckt.

Ich hätte etwas mehr Vertrauen, wenn der Erfinder sich nicht so sehr auf seine Zahlen verließe. Wenn nur ein einziges Mal jemand in mein Büro käme und sagte, er habe gemerkt, wie schwierig es sei, diese Zahlen zu erreichen.

- Wissen diese Erfinder, wie schwer es ist, diese 10 Millionen passionierten Golfer herauszufinden und zu erreichen?
- Sind sie sich bewußt, wie viele Kleinbetriebe es gibt, die sich in Ihre 12-Dollar-Gewinnspanne einschleichen können?
- Wie sieht es mit Konkurrenten mit ähnlichen Produkten aus?

Der einfachste Weg, das Argument zu kontern, dass Sie reine Mathematik verwenden, ist natürlich, sie mit Fakten aus der realen Welt zu untermauern. Die Glaubwürdigkeit eines Erfinders im Golfsport würde in meinen Augen sofort steigen, wenn er mit den Ergebnissen eines Reihentests, der seine gewünschte Antwort bestätigt, in mein Büro käme, oder wenn er sechs Pro-Shops angerufen hätte, und jeder hätte 100 seiner Geräte geordert.

Es ist erstaunlich, wie viele Menschen das vergessen.

Wenn nichts zu tun ist, tun Sie es brillant

Mehr als alles andere ist Geduld die alles überragende Verhandlungseigenschaft, und das Fehlen von Geduld ist ein immenses Verhandlungshindernis. Ich habe zahllose Verhandlungen erlebt, die aufgrund von Ungeduld in ein Chaos ausgeartet oder völlig auseinandergefallen sind, aber ich kann mich an keine Verhandlung erinnern, die bei raffinierter, kalkulierter Ausübung von Geduld unglücklich verlaufen wäre.

Geduld zeigt sich in vielen Formen. Sie ist das Wissen, dass ein zu hartes oder zu schnelles Drängen zur Lösung eines Verhandlungspunktes die andere Seite abschrecken kann oder gar zu ihrem Ausstieg führt. Sie bedeutet, dem ständigen Drängen, den Deal abzuschließen (ein letzter Termin, eine Quote, ein »Was haben Sie eigentlich für mich getan«-Klient, ein Boss, der Ihnen über die Schulter schaut), zu widerstehen, weil Sie wissen, dass hastiges Nachgeben bei einem weniger wichtigen Punkt, ohne ihn durchdacht zu haben, ihn später zu einem sehr wichtigen Punkt werden lassen kann. Das heißt von einer Verhandlung wegzugehen, bis die andere Seite wieder zur Vernunft gekommen ist. Aber mehr als alles andere bedeutet Geduld, einfach nichts zu tun.

Der Schlüssel liegt jedoch darin, solche Situationen, wenn nichts zu tun ist, zu erkennen – und es dann brillant zu tun.

Ich denke dabei einige Jahre zurück, als einer unserer Klienten, ein populärer amerikanischer Sportreporter, das Objekt eines erbitterten Angebotskriegs zwischen drei amerikanischen Fernsehsendern wurde. Wir inszenierten ein großes Projekt, das, um einen Ausdruck der Investmentbanker zu übernehmen, diesen Sportreporter »ins Spiel brachte«. In Wahrheit war es der bloße Zufall, der die drei Sender an seine Tür führte. Trotzdem erkannten wir, dass wir mit drei gutbetuchten Freiern, die fieberhaft um die Dienste unseres Klienten warben, in einer beneidenswerten Situation waren.

Der logische nächste Schritt wäre gewesen, Vorteil aus dieser Aufregung zu ziehen und den Wettbewerb richtig anzuheizen. Wir wußten, wie das zu machen war. Wir konnten den Angebotsprozeß formalisieren. Wir konnten darlegen, was unser Klient in seinem nächsten Zuhause suchte. Wir konnten letzte Fristen setzen. Wir konnten detaillierte Vorschläge verlangen. Wir konnten eine Auktion inszenieren und zuschauen, wie die Fernsehsender versuchten, sich gegenseitig auszuschalten. Wir konnten die Presse auf die Sache ansetzen, die ihr Teil dazu beitragen konnte, den Prozeß noch heißer und noch konfuser zu machen. Wir konnten alle möglichen Waffen unseres Verhandlungsarsenals heranziehen, um die Sender gegeneinander auszuspielen.

Wir taten allerdings gar nichts. Und das war unter diesen Umständen genau das Richtige. Zum einen war unser Klient ein sehr zurückgezogen lebender Mensch. Er wollte nicht, dass seine Vertragsverhandlungen zu einem öffentlichen Ereignis werden, was leicht hätte passieren können, wenn wir unsere üblichen Verhandlungstaktiken angewendet hätten.

Wir waren außerdem ein wenig nervös wegen des Chaos und der Aufregung, die die Sender über unserem Klienten entfalteten. Chaos kann gut sein. Es kann die Arbeit und die Bezahlung unserer Klienten von heute auf morgen entscheidend verändern. Das

Problem mit dem Chaos ist jedoch, dass man es kaum kontrollieren kann. Nur ein Wahrsager oder Verrückter denkt, er kann Ereignisse voraussagen und kontrollieren, wenn jeder andere benommen und konfus herumläuft. Statt sich ins Kampfgetümmel zu stürzen, ist es manchmal besser, an der Außenlinie zu sitzen und zu warten, bis sich der Staub gelegt hat.

So nahmen wir eine passive Position ein. Wir hörten zu.

Wir hörten zu, als jeder Vertreter der Fernsehsender unserem Klienten ein Angebot machte.

Jedem antworteten wir: »Danke, wir werden es uns überlegen.«

Dann warteten wir darauf, dass die Ungeduld der Sender größer wurde. Wir blieben natürlich mit ihnen in Verbindung. Wenn neue Ideen entstanden, konnten wir sie gelegentlich anrufen, um über unseren Klienten zu plaudern, eine Idee mitzuteilen oder sie wissen zu lassen, dass er immer noch interessiert ist. Aber zu keinem Zeitpunkt formalisierten wir den Verhandlungsprozeß oder zeigten an, dass ein Angebotskrieg im Gange war.

Das ging wochenlang so weiter. In dieser Zeit erfüllte unser Klient seine Pflichten für seinen damaligen Arbeitgeber und war glücklich und zufrieden damit. Dann entschloß sich einer der Sender – wie ein Langstreckenläufer, der sich in der letzten Runde des Rennens vom Hauptfeld absetzt –, den Prozeß mit einem Rekordangebot, das wir nicht ablehnen konnten (und auch nicht taten), zu beenden. Am Ende vervierfachte unser Klient sein Gehalt, und alles lief in Ruhe und ganz privat ab.

Man könnte jetzt natürlich sagen, dass wir es hier als Verhandlungsführer einfach hatten. Wir stolperten in einen Angebotskrieg, weil wir einen Klienten hatten, den jeder haben wollte. Wir saßen am Drücker. Wir konnten nicht verlieren.

Das stimmt. Für mich macht das aber unseren passiven Abwarten-und-Teetrinken-Ansatz noch beeindruckender.

Ein erfahrener Kartenspieler wird Ihnen erzählen, dass es manchmal schwieriger ist, mit einem starken Blatt zu gewinnen, als mit einem ziemlich schwachen. Das gleiche gilt für geschäftliche Verhandlungen. Manche neigen sehr dazu, Fehler zu machen, wenn sie ein starkes Blatt in der Hand halten. Sie drängen zu sehr oder überreizen ihr Blatt. Sie irritieren die anderen und lassen die Mitspieler aus dem Spiel gehen.

In diesem Sinne taten wir nichts – und taten es brillant. Die Tatsache, dass man nur beobachtet und zuhört, bedeutet nicht, dass man nicht plant und lenkt. Es bedeutet nicht, dass man nicht verhandelt.

Verhandeln innerhalb der vier Stadien einer Klientenkarriere

Jedes Buch über Marketing wird Sie lehren, dass es vier Stadien in der Entwicklung eines Produkts oder einer Marke gibt: Einführung, Wachstum, Reife und Degeneration. Aber ich frage mich ernsthaft, wie viele Leute sich dieser Phasen vollständig bewußt sind und sie in ihren Verhandlungsansatz mit einbauen.

Ich habe Verhandlungen erlebt, bei denen die andere Seite tat, als ob ihr Produkt oder ihre Dienstleistung noch immer in der vollen Wachstumsphase begriffen war. Obwohl jeder noch so zufällige Beobachter längst wußte, dass es sich vielmehr in einem Stadium zwischen Reife und Degeneration befand. Folglich nahm die andere Seite eine weitaus aggressivere Verhandlungsposition ein als nötig und vertrieb sie damit. Das ist kein gutes Verhandeln.

Es ist gar nicht überraschend, dass diese vier Phasen auch auf die Karriere und Vermarktungsmöglichkeit eines Sportlers anzuwenden sind – und sie diktieren auf entscheidende Weise, wie wir für diesen Klienten verhandeln und wen wir auswählen, um die Verhandlungen zu führen.

1. Einführung

Die Einführung oder Anfangsphase eines Sportlerlebens ist ziemlich einfach. Er beginnt an Wettkämpfen teilzunehmen, macht es sehr gut und erregt die Aufmerksamkeit von Sportfans. Als Verhandlungsführer ist es in dieser Phase unser Job, eine positive Zunahme des Interesses am Sportler zu schaffen, denn das bildet die Grundlage für die ersten zwei oder drei Werbeverträge.

Meiner Erfahrung nach ist die wichtigste Eigenschaft des Verhandlungsführers hierbei seine Glaubwürdigkeit. Sie ist die Basis für alles, was folgt. Deshalb versuche ich immer, eine ältere Person unserer Firma in die Verhandlungen für einen angehenden Spitzensportler mit einzubeziehen. Eine ältere Person hat die Glaubwürdigkeit, nicht nur kühne Stellungnahmen über den Sportler abzugeben (und folglich kühne Forderungen zu stellen), sondern auch damit durchzukommen.

Zum Beispiel, wenn ich sehr vielen Leuten erzählte, dass ein vielversprechender junger Golfspieler dabei sei, der beste zu werden, den ich je gesehen habe, bloß indem ich sage, dass ich möglicherweise einen Haufen Verträge für diesen Golfer aushandeln könnte – weil ich glaubwürdig bin. Seit langer Zeit habe ich mit diesem Sport zu tun, ich arbeite für einige der besten Golfspieler, und ich kann Erfolge aufweisen, die zeigen, dass meine Vorhersage mindestens eine 50:50-Chance hat. Dieselbe Stellungnahme von einem unserer jüngeren Mitarbeiter in unserer Golfabteilung abgegeben, hätte wahrscheinlich bei weitem nicht so viel Gewicht.

Ein Verhandlungsführer muss auch über ein gutes Einschätzungsvermögen auf kurze Sicht verfügen. In der Anfangsphase will man seinen Klienten nicht in endlose Verträge einbinden. Es gibt eine Grenze, wieviel Geld man erhalten kann, wenn man das Versprechen verkauft, dass er ein Superstar werden wird. Diese Grenze liegt beträchtlich höher, wenn ihr Klient ein etablierter Superstar ist.

Wenn zum Beispiel Ihr Klient gerade zum besten Nachwuchsspieler des Jahres der National Basketball Association gekürt worden ist, dann liegt eine große Versuchung darin, einen Multi-Millionen-Schuhvertrag mit einer Laufzeit von zehn Jahren mit dynamischen Unternehmen wie Reebok oder Nike abzuschließen. Diese beiden Unternehmen sind äußerst wettbewerbsfähig und immer bereit, Geld in das nächste große Ding im Sportbereich zu investieren und ihn oder sie langfristig vertraglich zu binden.

Aber zehn Jahre ist eine lange Zeit. Wenn sich Ihr Klient in der NBA weiterhin verbessert, dann wird das, was wie ein großer Schuhdeal aussah, in zehn Jahren, wenn er eine der Hauptattraktionen der NBA geworden ist, nur noch armselig sein. Sie können versuchen, mitten in der Vertragszeit neu zu verhandeln, aber Sie tun das selten aus einer Position der Stärke heraus. In der Anfangsphase machen Sie besser kurzfristige Verträge – mit Verlängerungsklauseln und steigenden Zahlungen, die ihren Klienten für das belohnen, was jeder von ihm erwartet.

2. Wachstum

Die Wachstumsphase sollte eigentlich für den Verhandlungsführer die lukrativste und die angenehmste sein. Ihr Klient ist ein etablierter Megastar. Sie befinden sich in einem Absatzmarkt mit einem Namen, mit dem jeder etwas zu tun haben möchte. Ihre Telefondrähte laufen heiß. Sie reagieren auf Angebote, statt sie proaktiv auszusuchen. Es müßte eigentlich ein leichtes Leben sein, ist es aber selten.

Die größte Fähigkeit, über die ein Verhandlungsführer in der Wachstumsphase verfügen muss, ist die Beibehaltung der Qualitätskontrolle. Sie haben eine cash cow geerbt, möchten sie aber nicht trockenmelken. Sie müssen Ihren Klienten von all den Ablenkungen und Belastungen abschirmen, die attraktive Geschäftsmöglichkeiten mit sich bringen. Wenn jemand Geld für einen Sportler ausgibt, dann zahlt er für drei Dinge: seinen Namen, sein Image und seine Zeit. Name und Image sind leicht zu haben. Zeit ist ein Problem, besonders, wenn es für einen Sportler besser wäre, zu trainieren, sich zu verbessern und weiterhin zu gewinnen, statt Werbefilme zu drehen und bei der Eröffnung eines neuen Geschäfts Hände zu schütteln. Mit anderen Worten: Ein Verhandlungsführer muss in dieser Phase wissen, wie man nein sagt.

Nein zu sagen erfordert vom Verhandlungsführer auch ein paar persönliche Opfer. Wenn so viele Menschen die Zeit des Sportlers beanspruchen, dann ist es unmöglich für den Klienten, es allen recht zu machen. Ebenso ist es nicht im besten Interesse des Klienten, den Interessenten persönlich nein zu sagen (denn ein freundlicher, populärer Sportler, der sein großes Vermögen seinem ihn bewundernden Publikum verdankt, tut so etwas nicht). Es ist der Job seines Managers, nein zu sagen. Er ist der üble Bulle in einem Guter Bulle-übler Bulle-Szenario (der Klient ist immer der gute Bulle) und muss diese Rolle ohne zu zögern spielen wollen.

Folglich muss ein Verhandlungsführer in der Wachstumsphase ein sehr dickes Fell entwickeln. Wir hatten einst eine Tennisspielerin, die eine bewundernswürdige Art hatte, mit Pressewünschen umzugehen. Ohne Ausnahme sagte sie den Medienmenschen, sie wäre entzückt, bei ihrer Radioshow zu erscheinen oder für ihr Magazin interviewt zu werden. Das war ihre automatische Antwort. »Rufen Sie einfach IMG an, die werden das arrangieren«, sagte sie und lächelte voller Charme. Innerhalb von Sekunden war sie am Telefon und instruierte ihren Manager, nein zu sagen, wenn der Sender oder das Magazin einen Termin ausmachen wollte.

Ein guter Verhandlungsführer akzeptiert die Tatsache, dass man in der Wachstumsphase nicht allen gefallen kann.

3. Reife

Die wichtigste Fähigkeit in der Reifephase liegt einfach in der Tatsache, zu erkennen, dass man sich darin befindet.

Wenn Sie ein Stück Seife vermarkten, dann ist es leicht zu sagen, ob das Produkt reif ist. Man sieht es an den Verkaufszahlen. Wenn die Verkäufe einen Höhepunkt erreicht haben oder im Laufe einiger Jahre an Marktanteilen verlieren, dann ist Ihre Seife »reif«.

Anders mit Sportlern. Sie glauben nicht nur, die Wachstumsphase würde niemals enden, sondern sie weigern sich häufig auch zuzugeben, dass ihre sportlichen Fähigkeiten oder Vermarktungsmöglichkeiten nachlassen, egal was die Anzeigetafel oder die Turniergewinne darüber aussagen.

Reife muss für einen Sportler und Sie selbst nicht unbedingt ein Problem sein, wenn es um den Übergang von Phase zwei in Phase drei geht.

Ben Hogan zum Beispiel spielte niemals bei einem Golfturnier für Senioren mit, weil er damit hätte zugeben müssen, dass er bei einem regulären Turnier nicht mehr konkurrenzfähig war. Er wollte nicht als der große alte Mann des Golfsports teilnehmen. Dieser Ehrgeiz erklärt seinen Erfolg als Golfer. Aber ich glaube, er hat durch diese Entscheidung viel verloren – sowohl im persönlichen Bereich als auch im kommerziellen Sinne. Er war nicht bereit, beim Masters in Augusta, Georgia, mitzuspielen, einfach als Gelegenheit, um alte Freunde wiederzusehen und einen schönen Golfkurs zu genießen. Er war nur bereit zu spielen, wenn er eine Chance sah zu gewinnen. Er erkannte nie, dass er sich in der Reifephase befand und dass man jetzt andere Erwartungen an ihn hatte.

4. Degeneration

Obwohl noch keiner unserer Superstars diese Phase erreicht hat, glaube ich, dass Sportler noch eine ganze Weile gut sein können, nachdem ihre athletischen Fähigkeiten nachgelassen haben. Der Schlüssel liegt darin, ihren sogenannten Abschwung als ihre nachdenkliche Phase attraktiv in Szene zu setzen und dementsprechend zu verhandeln.

Byron Nelson beim Golf und Jack Kramer im Tennis sind zwei Beispiele von Superstars in der reflektiven Phase. Selbst in ihrem achtzigsten oder neunzigsten Lebensjahrzehnt bleiben sie Botschafter ihres Sports. Turniere und Ausrüstungsgegenstände sind nach ihnen benannt. Sie können Bücher schreiben und Artikel über das Spiel. Sie liefern Kommentare für die Radio- und Fernsehsender. Als erfahrene Staatsmänner besitzen sie die Glaubwürdigkeit und Autorität, um starke und provokative Stellungnahmen abzugeben, die das Niveau ihres Sports fördern.

Im Gegensatz zu einem Stück Seife, das man nicht gerne in seiner Degenerationsphase managt, kann ein legendärer Sportler in seiner nachdenklichen Phase eine wunderbare Verhandlungschance sein.

Mythen über Ihr Unternehmen, die Ihnen Vorteile verschaffen

Wenn Sie lange genug im Geschäft sind und ein bißchen Aufmerksamkeit oder Marktführerschaft erlangt haben, dann entwickeln sich wahrscheinlich einige vorgefaßte Meinungen über Ihr Unternehmen. Vor allem Ihre Konkurrenten sagen vielleicht, dass Sie zuviel auf sich laden, dass Sie nicht mehr das sind, was Sie einmal waren, dass Ihre Mitarbeiter zu aggressiv sind oder sich zu sehr an Details festklammern oder dass Sie zu groß sind.

Wenn man mit solchen Mythen konfrontiert wird, neigt man gewöhnlich dazu, sie zu erklären, sich dafür zu entschuldigen, oder sie zu leugnen.

Ich rate davon ab. Einige Mythen über Ihr Unternehmen sind eher schmeichelhaft als beleidigend und verschaffen Ihnen einen Verhandlungsvorteil. Wenn Wettbewerber Sie in aggressiven Begriffen beschreiben, dann ist die beste Antwort häufig, danke zu sagen. Betrachten Sie einmal folgendes:

1. Der Mythos, Sie seien zu teuer

Die Rechnungen, die unser Unternehmen stellt, sind sicherlich sehr hoch, aber man bekommt auch einen sehr guten Gegenwert bei uns. Kostspielig genannt zu werden ist in jedem Geschäftsbereich – ob Sie nun Anwalt oder Zimmermann, Restaurantbesitzer oder Inhaber einer chemische Reinigung sind – wie eine Zeitungsente, wenn es Ihnen gelingt, auch zu den Besten gehören.

Das Problem bei diesem Mythos besteht darin, dass Sie Ihre Preise senken müssen, wenn Sie ihn loswerden wollen. Und das ist fast immer ein Desaster. Selbst wenn es in Ihrem Service keinerlei Verschlechterung gibt, weckt die Preisreduzierung den Anschein, als sei dem so. Alles eine Sache der Wahrnehmung.

Die Wahrheit ist, dass man gern ein wenig mehr bezahlt (manchmal viel mehr), weil man mit dem Besten verhandeln kann. Die besten Restaurants zum Beispiel verlangen tatsächlich zuviel. Aber es mangelt ihnen nie an Kunden. Die Gäste zahlen weiterhin, weil sie wissen, dass der Käse wirklich gut gealtert, das Soufflé perfekt, der Wein exzellent und der Service einwandfrei ist. Sie erhalten einen exzellenten Ertrag auf eine risikolose Investition. Sie lassen lieber 60 Dollar pro Person für eine garantierte 4-Sterne-Erfahrung liegen, als 40 Dollar pro Person auf die Chance zu setzen, ein 4-Sterne-Essen in einem 2-Sterne-Restaurant zu bekommen.

Eine andere Sache, die man in Erwägung ziehen sollte: Es ist viel einfacher für Ihren Konkurrenten, am unteren Ende der Preisspirale einzusteigen, als Sie an der Spitze herauszufordern.

2. Der Mythos, alle Interessenkonflikte seien schlecht

Man hört das häufig in der Finanzwelt. Eine Investmentbank zum Beispiel, die ein Unternehmen repräsentiert, schlägt den Verkauf von Vermögenswerten des Unternehmens an einen anderen Klienten vor. Die Tatsache, dass die Bank weiß, was beide Klienten wollen – und in der Tat als Broker zwischen den beiden arbeitet – muss nicht unbedingt heißen, dass es bei der Bank Interessenkonflikte gibt – bestimmt nicht, wenn beide Klienten sich dessen bewußt sind und die einzigartige Position der Bank akzeptieren.

In unserem Business staunen viele häufig darüber, dass wir sowohl Chris Evert als auch Martina Navratilova repräsentieren konnten, obwohl die beiden doch ständig darum kämpften, die Nummer eins zu sein. Ist das ein Konflikt? Und doch konnten wir dadurch, dass wir diese beiden Top-Tennisspielerinnen repräsentierten, Möglichkeiten für sie beide schaffen, wo dann eins plus eins plötzlich drei ergab.

Wenn Sie eine solche Beziehung unterhalten, die den Interessen aller Parteien dient, dann sollte man dies sicherlich offenlegen. Aber es nur nicht verleugnen.

3. Der Mythos, Sie seien zu hart

Zerstreuen Sie niemals den Ruf, hart zu sein, ob er nun gerechtfertigt ist oder nicht. Es ist in einer Verhandlung unbezahlbar, weil die Gegenseite nicht überrascht ist, wenn Sie es tatsächlich sind, aber glücklich, wenn Sie es dann nicht sind.

Wir hatten von früh an den Ruf, hart zu sein, ganz einfach weil Sportler damals leichte Opfer waren. Sie hatten keine Ahnung, was sie taten, und die Unternehmen, die sie unter Vertrag nahmen, waren es gewohnt, leichte, extrem günstige Verträge zu machen. Als wir dann kamen und damit begannen, uns um Verträge für unsere Klienten zu kümmern, die fairer waren, nannte man uns hart.

Ich kann nicht umhin zu denken, dass dieser Mythos uns im Lauf der Jahre einen Vorteil verschafft hat, vor allem, wenn die Kunden herausfanden, wie vernünftig wir waren.

Sind Sie hart genug, um ein »leichter Verkauf« zu sein?

In einer Schwarz-Weiß-Welt könnten wir alle Käufer vielleicht in zwei Lager aufspalten – harte Kunden und leichte Verkäufe.

Die harten Kunden machen alles Mögliche, um Verkäufer verrückt zu machen. Sie sind unkommunikativ. Sie antworten nicht schnell auf Ihre Briefe oder Anrufe. Sie fordern Sie bei jedem Verhandlungspunkt heraus. Sie überprüfen Punkte, die Sie für längst geklärt halten. Sie spielen Sie schamlos gegen die Konkurrenz aus. Sie bezahlen sehr schleppend. Sie sind nie zufrieden. Sie machen aus einem Verhandlungsprozeß, der in zwei Wochen abgeschlossen sein könnte, einen vier Monate andauernden Krieg. Das einzige, was Sie immer wieder zu ihnen zurückbringt, ist die Tatsache, dass sie am Ende kaufen.

Die leichten Verkäufe sind so etwas wie Urlaub für die Verkäufer. Sie sagen schnell ja oder nein. Sie verstecken sich nicht vor Ihnen, wenn Sie anrufen. Sie wollen den besten Preis, wissen aber, dass auch Sie Geld verdienen müssen. Man muss sie nicht extra bitten, die Rechnung zu bezahlen.

Welcher dieser beiden Typen wären Sie lieber? Mit welchem würden Sie lieber verhandeln?

Das Paradox ist, dass viele sich eher für ersteren entscheiden. Sie wollen nicht als leichte Verkäufe gelten. Sie pflegen sorgfältig ihren Ruf als harte Typen und sind stolz darauf, ihre Lieferanten und Verkäufer bei jeder Verhandlung zu terrorisieren. Doch auf lange Sicht, so habe ich das Gefühl, machen die leichten Verkäufe schließlich die besseren Deals.

Ein Kollege von mir vertritt die Theorie, dass schwierige Leute als Käufer wenig bringen, weil die Verkäufer sich eine Extraprämie dafür auszahlen lassen, mit ihnen verhandelt zu haben.

»Wenn ich versuche, Ihnen etwas zu verkaufen«, behauptet er, »und Sie sind schwer zu erreichen und es dauert ewig, den Verkauf abzuschließen, und Sie geben mir bei jedem Verhandlungspunkt das Nachsehen, dann werde ich einen Weg finden – nicht jetzt, aber vielleicht später –, um meinen Preis zu erhöhen. Wenn Sie jetzt so schwierig sind, dann werden Sie in jeder Phase der Verhandlungen schwierig sein, und ich brauche dieses Extrageld als eine Art Schutz.«

Ich bin nicht sicher, ob ich diese Logik ganz nachvollziehen kann. Egal wie unangenehm sie sein mögen, knapp davor, etwas Illegales, Unmoralisches oder Unethisches zu tun, machen harte Verhandlungsführer gewöhnlich ihren Job. Man erwartet von ihnen, dass sie das Beste für sich herausholen. Verkäufer sollten sie dafür nicht bestrafen, vor allem nicht dadurch, dass sie heimlich die Rechnung erhöhen. Das ist eine harte Taktik, die ich nicht billigen kann.

Wenn ich das sage, möchte ich mich aber auch beeilen hinzuzufügen, dass harte Verhandlungsführer die Dinge auch derart durcheinander bringen können, dass kluge Verkäufer sie dafür bezahlen lassen sollten.

Die irritierendsten Kunden sind, meiner Erinnerung nach, diejenigen, die absolut gleichgültig sind und nie zu erreichen, wenn man sie braucht. Die gute Nachricht für einen Verkäufer ist, dass man die Gleichgültigkeit eines Kunden zu einem enormen Verhandlungsvorteil umkehren kann – und Sie können das schriftlich tun. Die gemeinte Waffe ist ein einfacher Bestätigungsbrief.

Die meisten Verkäufe werden normalerweise durch einen Handschlag oder eine mündliche Übereinkunft geschlossen, selbst wenn es Dutzende von Variablen gibt, die ausgearbeitet werden müssen, wenn man einen Vertrag aufsetzt oder den Verkauf durchführt. Ziemlich oft wird ein raffinierter Kunde diese Variablen nur sehr zögerlich aus dem Weg räumen wollen, denn je länger sich der Verhandlungsprozeß hinzieht, desto mehr Druckmittel hat er, um diese Variablen zu seinen Gunsten zu lösen. Alles in allem ist es im allgemeinen leichter für einen Käufer, von einer Verhandlung Abstand zu nehmen, als für den Verkäufer (mit Bossen und Verkaufsquoten, die ihm im Nacken sitzen).

Ein Bestätigungsbrief ist die beste Art, mit diesem Kunden umzugehen.

Um es an einem Beispiel zu verdeutlichen: Angenommen, ich möchte, dass Sie kommen und für mich in New York arbeiten. Ich fasse das Wesentliche kurz zusammen: Sie werden Kundenberater sein, Sie beginnen am 1. Juli 1995, und ihr Grundgehalt ist 50 000 Dollar. Sie sagen ja. Wir denken beide, wir haben einen Deal.

Aber wir haben nicht über Ihren Urlaub gesprochen, über die Größe Ihres Büros, Ihre Mitarbeiter und andere Nettigkeiten, die für Sie vielleicht wichtiger sind als für mich. Während Ihr erster Arbeitstag näherrückt, ist es jedoch für Sie unmöglich, mich zu erreichen. Ich rufe nie zurück.

Aber der Job gehört Ihnen.

Das Klügste, was Sie mit einem wie mir tun können, ist, ebenfalls einen Brief zu schreiben, in dem Sie all die Nettigkeiten bestätigen, wie Sie sie sehen: »Ich freue mich auf unsere Zusammenarbeit. Ich gehe davon aus, dass ich drei Wochen Urlaub habe, die Erlaubnis, mein Büro nach meinen Wünschen zu gestalten, eine Sekretärin ...« Wenn ich auf Ihren Brief niemals antworte, um Ihnen zu widersprechen, stehen diese Bedingungen im Raum, als hätte ich sie akzeptiert.

Nicht anders bei einer Verkaufsverhandlung. Wenn der Kunde gleichgültig ist, dann schreiben Sie ihm: »Ich freue mich, dass Sie unser Produkt gekauft haben. Wir werden es am 1. Dezember zusenden. Zwei Drittel der Ladung werden blau und ein Drittel grau sein. Sie zahlen bei Lieferung. Wenn das Produkt nicht nach Ihren Wünschen ausfällt, haben Sie sieben Tage Rückgaberecht ...« Wenn der Kunde nichts gegen Ihre Bedingungen einwendet, dann bedeutet das, dass er sie akzeptiert hat. So diszipliniert man einen schwierigen Kunden.

Ich verfolge hier nicht das Ziel, einige harte Praktiken für Verkäufer zu fördern. Meine Botschaft richtet sich an den Verhandlungsführer auf der anderen Seite, den Kunden. Ich glaube, viele nehmen irrtümlich an, dass es eine schlechte Eigenschaft darstellt, jemand zu sein, an den man leicht verkaufen kann. Das ist nicht wahr. Viel häufiger ist es zu Ihrem Vorteil, wenn Sie ein liebenswürdiger und freundlicher Kunde sind, weil der Verkäufer dann auch Ihnen gegenüber liebenswürdiger und freundlicher ist.

Wenn Sie denken, dass es eine kluge Strategie ist, den Verkäufer ständig durch die Mangel zu drehen, passen Sie auf. Der Verkäufer verfügt über Strategien, die er genauso gut auf Sie anwenden kann.

Kapitel 4

Die Theorie und Praxis des Denkens im großen Maßstab

Fünf Gründe, warum Menschen nicht in großem Maßstab denken

Einer unserer Londoner Verkaufsleiter machte vor nicht allzu langer Zeit einen spektakulären Deal. Er hatte einem Sponsor für ein Projekt, bei dem ich schon mit 100 000 Dollar zufrieden gewesen wäre, eine Verpflichtung in siebenstelliger Höhe entlockt. Wie jeder Manager liebe ich positive Überraschungen, so dass ich zu ihm ging, um ihm zu gratulieren. Nicht dass eine siebenstellige Summe eine solche Neuigkeit in unserem Unternehmen wäre. Ich hatte ihm eine solche Summe einfach nicht zugetraut.

Als wir dann miteinander sprachen, schrieb er alles seinem Boss zu. »Er sagte mir, ich solle keine Angst davor haben, eine hohe Summe zu fordern«, meinte er. »Dieses Unternehmen sah aus, als tue es etwas Großes, also sollte ich in großem Maßstab denken.«

Ich mochte das. Wenn ich nur vier Worte hätte, um den optimalen Verhandlungsstil zu beschreiben, dann wäre das mein Mantra: im großen Maßstab denken.

Es dürfte an diesem Beispiel deutlich werden, dass ich von Menschen beeindruckt bin, die wider allen Erwartungen eine große Summe aus Verhandlungen herausholen. Je größer die Summen, desto beeindruckter bin ich. Es ist nicht das einzige, was mich beeindruckt, aber wenn Sie ihr Geschäft als wahre Leistungsgesellschaft betreiben (und das sollten Sie), dann tun Sie das absolut Richtige, wenn Sie Mitarbeiter, die im großen Maßstab denken, honorieren und belohnen.

Ich denke, es gibt in jeder Organisation ein unausgesprochenes Kastensystem darüber, ob in großem, in kleinem oder in einem Maßstab irgendwo dazwischen gedacht wird. Man kann es schwer an etwas festmachen, aber die Qualität und die Größe der Klienten, der Kunden und der Transaktionen sind sicherlich ein Anhaltspunkt.

Manche wollen immer in kleinem Rahmen Handel treiben. Wenn, auf einer Skala von 1 bis 10, 10 ein Megadeal in ihrem Geschäft ist, dann liegen ihre Transaktionen immer etwa bei 3 oder 4. Andere fühlen sich wohl bei großen Summen; ihre Deals liegen immer bei 7 oder 8 und manchmal auch bei 10.

Es hat mich immer wieder fasziniert, dass Menschen, die 10er-Deals machen, genauso in der Lage sind, 3er oder 4er zu machen. Aber diejenigen, die 3er oder 4er machen, schaffen keinen 10er. Sie können die Hürde zu einem höheren Niveau nicht überspringen.

Nicht etwa, weil sie dumm sind. (Ich kenne zu viele Typen mit hohem IQ, die immer nur das kurze Ende einer Verhandlung erwischen, um dieser Entschuldigung zu trauen).

Es ist nicht der Mangel an Angriffslust. (Zu oft bin ich von einem Gegenüber bei Verhandlungen geschlagen worden, dessen Hauptwaffen Nettigkeit und Charme waren, um zu sehr an Charakterfestigkeit zu glauben.)

In großem Maßstab zu denken und folglich größere Deals zu machen ist eine Sache der Haltung. Es ist eine Sache des Wissens und Glaubens, dass Ihr Produkt oder Ihre Dienstleistung es wert ist, und dann all die mentalen Blockaden zu überwinden, die uns zwingen, in kleinem Maßstab zu denken. Hier fünf Gründe, warum jemand nicht in großem Maßstab denkt.

1. Sie wissen nicht, was groß ist

Der berühmte Regisseur Billy Wilder erzählt eine Geschichte von seinem ersten Treffen mit dem Kriminalschriftsteller Raymond Chandler, dem Autor von *Der große Schlaf*, in Hollywood. Wilder wollte, dass Chandler ihm beim Schreiben des Drehbuchs für *Double Indemnity* half.

Chandler war in den Fünfzigern, aber neu im Drehbuchgeschäft. Er war ein schlechtgelaunter Typ, der stolz auf seine Latein- und Griechischkenntnisse war, die er an der englischen Public School in Dulwich gelernt hatte. Er trug Tweedjacken mit Lederflicken auf den Ellbogen und rauchte eine Pfeife. Er war extrem mißtrauisch gegenüber den verschlungenen Wegen von Hollywood und sehr naiv.

Beim Treffen mit Wilder und seinem Produzenten Joe Sistrom kündigte Chandler gleich an, dass er 150 Dollar die Woche haben wollte. Sistrom sagte, er habe 750 Dollar erwartet. Dann meinte Chandler, dass es ihn etwa zwei oder drei Wochen kosten würde, das Skript zu beenden. Wilder wies darauf hin, dass Skripts manchmal sechs Monate benötigen, und dass er solange Geld bekäme, wie er eben bräuchte. Es gereicht ihnen zur Ehre, dass Wilder und Sistrom einen talentierten Agenten anriefen, um Chandler vor ihnen und sich selbst zu beschützen.

Nicht jeder Verhandlungsführer ist so gefällig, wenn wir ihm zeigen, dass wir von den Gebräuchen dieser Industrie keine Ahnung haben.

2. Sie sind in der Vergangenheit gefangen

Obwohl das Alter und die Erfahrung Vorteile für den Verhandlungsführer sein sollten, können sie auch ein Hindernis sein, besonders, wenn die Menschen sich nicht so schnell anpassen, wie sie altern.

Ich vertrete keine Golfspieler mehr, aber in den Sechzigern repräsentierte ich drei der größten aller Zeiten – Palmer, Player und Nicklaus. Ich handelte alle ihre Verträge aus, auch die Zusatzvereinbarungen mit verschiedenen Herstellern von Ausrüstungsgütern in der ganzen Welt. Wir handelten Verträge aus, die in jenen Tagen als Durchbruch gelten mussten – nicht nur hinsichtlich der finanziellen Garantien, sondern auch hinsichtlich der Tantiemenstrukturen, der Geltungsbereiche und beim Schutz der Sportler. Die erzielten Summen galten damals als gigantisch.

Wenn ich heutzutage Verträge für Golfausrüstungen aushandeln würde, wäre ich von dem beeinflußt, was vor 25 Jahren passiert ist. Der bloße Gedanke an einen Golfspieler, der 500 000 Dollar im Jahr damit macht, dass er mit ein paar bestimmten Schlägern spielt, wäre nicht einfach zu begreifen für jemanden wie mich, der zu einer Zeit begann, als 30000 Dollar im Jahr eine schwindelerregende Summe waren. Nicht dass ich mir der Veränderungen in der Golfindustrie nicht bewußt bin oder über den aktuellen Tarif für Topgolfer nicht auf dem laufenden wäre, aber es ist hart, von vergangenen Triumphen loszulassen. Ein junger Manager könnte, ohne meinen Ballast an früheren Verhandlungen, aus einer anderen, frischeren Perspektive darangehen und mehr herausholen. Ziemlich häufig ist das der Unterschied zwischen einem Denken im großen Maßstab und einem im noch größeren Maßstab.

Im Jahre 1990 handelte einer unserer Mitarbeiter den Vertrag von Greg Norman mit dem Golfschläger-Hersteller Cobra. Da Cobra noch in den Anfängen steckte und sich die üblichen Zusatzhonorare von Norman nicht leisten konnte, handelte er für Norman einen Anteil an Cobra aus, der ihm bereits jetzt ein Vielfaches von dem eingebracht hat, was er an Honoraren und Tantiemen hätte verdienen können.

3. Sie schauen zu Ihrer Orientierung hinter sich

Auch so kann man in der Vergangenheit gefangen sein. Während manche Menschen anhand vergangener Fälle definieren, was groß ist und was nicht, verwenden andere die Vergangenheit nicht nur, um ihren Verhandlungsansatz zu beeinflussen, sondern um ihn zu bestimmen.

Wir sehen uns dieser Tatsache immer wieder in unserem Geschäft ausgesetzt, wenn es darum geht, einen Vertrag zu erneuern. Nehmen wir einmal an, ein Fernsehsender hat die Übertragungsrechte für ein Sportereignis für drei Jahre gekauft mit steigenden Honoraren von 1 Million Dollar im ersten Jahr, 1,2 Millionen im zweiten Jahr und 1,45 Millionen im dritten Jahr. Das entspricht einer 20prozentigen Steigerung pro Jahr. Wenn der Vertrag ausläuft, könnten wir einen neuen Dreijahresvertrag mit einer erneuten 20prozentigen jährlichen Steigerung aushandeln. Das dürfte nicht schlecht sein. Alles in allem haben wir nicht an Boden verloren. Wir werden innerhalb von fünf Jahren unser Honorar verdoppelt haben, und wie viele andere Geschäfte wachsen schon um 20 Prozent pro Jahr?

Das ist nicht schlecht, aber es ist kein Denken in großem Maßstab. In großem Maßstab denken würde bedeuten, 21 oder mehr Prozent herauszuholen. In großem Maßstab denken würde bedeuten, die Vertragsdauer auf ein Jahr zu begrenzen, denn wir wissen, dass ein anderer Sender sich bald für das Sportereignis interessieren wird (und ein zusätzlicher Wettbewerber wirkt sich normalerweise zu unserem Vorteil aus). Im großen Maßstab denken wäre, herauszufinden, welche anderen Sender für gleichrangige Ereignisse zahlen, und 20 Prozent Prämie auszusetzen für diejenigen Summen, die aus unserem neuen Honorar entstehen.

Das Denken in großem Maßstab gibt es in vielen Formen, aber man verwendet nicht einfach vorangegangene Deals als Bezugsrahmen für zukünftige Verhandlungen. Wenn Sie in großem Maßstab denken, dann sind vergangene Verhandlungen nur dafür da, um darauf aufzubauen.

4. Sie wollen um jeden Preis im Spiel sein

Wir haben einen Mitarbeiter, der sich bei großen Zahlen immer wohl fühlt. Auf der sprichwörtlichen Skala von 1 bis 10 wären einige der Deals, die er verhandelt hat, bei 12 oder 13 anzusiedeln. Wenn man ihm den richtigen Klienten oder Vermögenswert gibt, liefert er Zahlen, die jede Hitparade sprengen. Er ist ein raffinierter und zäher Advokat für seinen Klienten. Es ist ihm völlig egal, was die andere Seite über ihn oder seine Taktik denkt. Er schaut nur auf den Preis – er muss nicht gemocht werden.

Aber er ist nicht wiederzuerkennen, wenn er ein Honorar für seine eigenen Dienste aushandeln soll. In unserem Geschäft müssen Sie, bevor sie einen Klienten repräsentieren können, den Klienten überzeugen, dass wir die beste Repräsentation liefern. Sie müssen Ihre Dienste verkaufen und die Bezahlung für diese Dienste aushandeln. In unserem Geschäftsbereich der Repräsentation von Sportlern ist die Honorarstruktur ziemlich stabil. Für Flexibilität ist wenig Raum. Es gibt Standardprovisionen. Wir bleiben ihnen treu.

Wir repräsentieren auch die verschiedenen Werberechte – von der Ausstrahlung zum Marketing zur Absatzförderung – für größere Sportveranstaltungen. Als die Winterolympiade 1994 im Fernsehen gezeigt wurde, handelte unsere Firma die Übertragungsrechte mit Dutzenden von Fernsehsendern in der ganzen Welt für das Organisationskomitee in Lillehammer in Norwegen aus. Wir haben dasselbe für die meisten Olympiakomitees seit den Spielen von 1980 getan, genauso wie für zahllose andere Veranstaltungen, Verwaltungsgremien und Sportföderationen.

Unsere Entschädigung für diese Form des Consulting variiert entsprechend der Arbeit, die wir zu erledigen haben. Manchmal erhalten wir ein Pauschalhonorar. Manchmal erhöht sich die Provision, wenn wir bestimmte Einnahmeziele überschreiten. Aber in jedem Fall müssen wir unsere Vergütung aushandeln.

Und genau an dieser Stelle vergißt dieser Mitarbeiter, im großen Maßstab zu denken. Immer wieder verkaufte er seine Talente und die Mittel unserer Firma zu billig und erhielt nur einen Bruchteil dessen, was andere Leute für dieselbe Arbeit herausgeholt hätten.

Ich habe verschiedene Theorien, warum das geschah.

Ein Grund ist sicherlich der, dass es ein Unterschied ist, ob man für sich selbst oder jemand anderen verhandelt. Es ist leichter, zu argumentieren, dass die Produkte eines anderen die besten in der Welt sind und einen Spitzenpreis wert sind, als dasselbe über sich zu sagen. Im ersten Fall ist man ein Fürsprecher, im zweiten ein Angeber.

Vielleicht fällt ihm das Verhandeln auch so leicht, dass ihm gar nicht klar ist, wie hart das für andere ist. Er verschleudert eine Gabe, die ihm so leicht zufällt. Aber der Hauptgrund ist, denke ich, dass er, der dies so lange erfolgreich betrieben hat, nicht aus dem Spiel genommen werden will. Den Klienten zu verlieren, wäre ein Schlag für sein persönliches Image wie auch für das des Unternehmens als Experten in diesem Bereich. Wenn ihn also ein Klient bezüglich unseres Honorars bedrängt (was sein Verhandlungsrecht ist), dann arbeitet er nicht hart genug, um es zu erhalten. Er gibt nach, weil er im Spiel bleiben will. Er überzeugt sich selbst, dass jedes Honorar in Ordnung ist, wenn wir nur weiter in der Consultingrolle bleiben. Wir machen das bei all den neuen Klienten wett, die von unseren Erfolgen angezogen werden.

Es kostete mich einige Jahre, um mir klar zu werden, dass der Wunsch dieses Mannes, im Spiel zu bleiben, unser Unternehmen viel Geld kostete. Selbst wenn er auf dem Markt war und noch größere Deals für unsere Klienten verhandelte, machten die ständig verringerten Honorare die Arbeit weniger profitabel. Meine Lösung: Wenn es darum ging, für den Klienten zu verhandeln, ließ ich ihn gewähren. Wenn es allerdings darum ging, mit dem Klienten zu verhandeln, dann schickte ich ein paar Kollegen von ihm, die in diesem Bereich sehr erfolgreich waren. Sie sind an den Klienten nicht emotional gebunden. Sie müssen nicht auf alle Fälle im Spiel bleiben. Sie denken noch im großen Maßstab.

Wenn man viele Beispiele für große Summen nennen kann, die man in der ganzen Welt verhandelt hat, ist das eine gute Rückendeckung. Wenn die Diskussion von großen Summen bestimmt wird, ist es viel schwerer für den Klienten, kleine Summen ins Spiel zu bringen, und noch schwieriger für den Mitarbeiter, diese zu akzeptieren.

Das bringt uns zum letzten Punkt.

5. Sie sind von kleinen Summen umgeben

Sich selbst mit kleinen Summen zu umgeben, ist das größte Hindernis, um im großen Maßstab zu denken. Sie können nicht plötzlich damit anfangen, Multi-Millionen-Dollar-Deals auszuhandeln, wenn sie bisher nur 10 000-Dollar-Deals ausgehandelt haben. Sie haben vielleicht das Können dazu. Vielleicht fordern Sie einen fairen Preis. Die andere Seite mag sogar zustimmen, dass es ein fairer Preis ist. Das einzige Problem dabei ist, dass die andere Seite nicht bereit ist, diese große Summe von Ihnen zu akzeptieren.

Um heutzutage bei einer Verhandlung im großen Maßtab zu denken, müssen Sie beweisen, dass Sie in der Vergangenheit im großen Maßstab gedacht haben. Sie können das dadurch tun, dass sie auf die Art von Summen hinweisen, die Ihr Produkt oder Ihr Service bei anderen Gelegenheiten erzielt hat. Wenn Sie große Summen (die authentisch und nicht überhöht sind) in die Diskussion einfließen lassen, dann wird sich die andere Seite eventuell daran gewöhnen, sie aus Ihrem Mund zu hören. Es ist eine subtile Taktik, aber manchmal gibt Ihnen die andere Seite die Möglichkeit, sie anzuwenden.

Ich traf mich einmal zum Lunch mit dem Boss einer kleinen, aber aufstrebenden Firma. Er war daran interessiert, einen unserer älteren Sportler als Sprecher zu verpflichten. Der Lunch war nicht dafür da, ihm den Sportler zu verkaufen. Er wollte ihn definitiv. Das einzig ungelöste Problem war der Preis.

Wie Sie sich vorstellen können, ist der Preis für einen Sportler flexibel. Sportler haben keine »empfohlenen Verkaufspreise«, die ihnen auf der Stirn kleben. Der Preis ist eine Funktion mehrerer Variablen – zum Beispiel, was man vom Sportler erwartet, die zusätzlichen Verkäufe, die er erzeugt, die Größe und der Wohlstand des Sponsors, wie sehr der Sportler die Produkte des Unternehmens mag. In diesem Fall war der Sportler in der Reifephase seiner Karriere. Seine besten Jahre lagen hinter ihm. Auf der anderen Seite war er ein bewährter Gewinner mit einem sagenhaften Image. Er mochte nicht mehr so viel wert sein wie zu seiner Glanzzeit, aber er war sein Geld immer noch wert.

Ich ging von einer Mindestsumme von 100 000 Dollar im Jahr aus, unter der es keinen Abschluß geben könnte. Es gibt Verhandlungen, bei denen es sich lohnt, den Preis aggressiv auszuhandeln. Sie nehmen Ihr Minimum, erhöhen es um 100 Prozent und beginnen an diesem Punkt zu verhandeln. Aber ich hatte keine Ahnung, in welchen Maßstäben dieser Typ dachte. Ich war nicht ganz sicher, wie gut es diesem Unternehmen ging oder was er sich leisten könnte. Es war möglich, dass er gewillt war, weit mehr als das Minimum zu bezahlen. Der Lunch diente dazu, das herauszufinden.

Die erste Stunde war ein Katz-und-Maus-Spiel. Er beschrieb, wie er aus dem Sportler den Eckstein seiner Marketingkampagne machen wollte. Aber er paßte auf, sich nicht als zu reich darzustellen. »Wir sind ein Privatunternehmen«, sagte er immer wieder. »Nur ich und mein Sohn.« Er umging das Thema des Preises, und ich war entschlossen, nicht die erste Zahl zu nennen. Ich wollte nicht zu tief beginnen.

Als der Nachtisch kam, wußte ich immer noch nicht, an welches Preisniveau er dachte – bis er mich fragte, was andere Sponsoren in der Vergangenheit getan hatten. Das war meine große Chance, um die beeindruckende Geschichte dieses Sportlers in puncto Nebeneinnahmen zu erzählen. Ich erzählte ihm von dem 750 000-Dollar-Jahresvertrag, den er vor sechs Jahren abgeschlossen hatte, dem 500 000-Dollar-Vertrag in Japan und so weiter. Als ich unsere Diskussion mit saftigen sechsstelligen Summen schmückte, konnte ich sehen, dass er beeindruckt, aber nicht eingeschüchtert war.

In der Tat ermöglichte er mir, im großen Maßstab zu denken. Als ich 300 000 Dollar im Jahr forderte, akzeptierte er auf der Stelle, ohne mit der Wimper zu zucken. Mit all den anderen großen Summen, die immer noch im Raum schwebten, schien das ein vernünftiger Preis zu sein.

Beginnen Sie hoch oder beginnen Sie niedrig, aber niemals dazwischen

Wie Ihnen jedermann sagen wird, liegt der Schlüssel für erfolgreiches Investieren in der Formel: »Kaufe billig und verkaufe teuer«. Das ist das Weiseste, Dauerhafteste und Tiefgreifendste, was jemals über Investitionen gesagt worden ist. Es ist gleichzeitig das Sinnloseste.

Das Problem ist nämlich, dass keiner weiß, was denn gerade teuer oder billig ist. Das ändert sich andauernd. Sie können die Richtwerte studieren, um zu bestimmen, ob ein Bestand zu teuer oder eine Gelegenheit ist wie bei der realen Kapitalnettorendite, dem Cash-Flow, dem Ertragsverhältnis und ähnlichem. Aber in dem Moment, wo Sie denken, ein Bestand hat den niedrigsten Stand erreicht, geht es noch tiefer. Ebenso in dem Moment, da Sie denken, ein Bestand ist an der Spitze angekommen, klettert er weiter.

»Kaufe billig, verkaufe teuer« ist beim Verhandeln etwas anderes. Bei einer Verhandlung kommen die Leute und sagen Ihnen, was teuer und was niedrig ist. Wenn sie verkaufen, dann nennen sie zuerst den hohen Preis. Wenn sie kaufen, dann eröffnen sie auf unterstem Niveau.

Sagen wir, Sie kaufen ein Haus. Sie finden eines in einer Gemeinde der oberen Mittelschicht, wo die Preise für Häuser stabil sind. Die Besitzer haben 14 Jahre darin gelebt und haben in dieser Zeit beträchtliche Summen für Verbesserungen und die allgemeine Instandhaltung ausgegeben. Das Haus ist in einem tadellosen, bezugsfertigen Zustand. Der geforderte Preis liegt bei 795 000 Dollar.

Ich gebe zu, dass dies viel mehr ist, als die meisten Menschen für ein Heim bezahlen. Aber als Ausgangsbasis für eine Verhandlungsstrategie ist es ein interessanter Preis. Es bedeutet, dass Sie mehr kaufen als ein bloßes Obdach. Sie suchen nach etwas Besonderem, und Besonderheiten haben die Tendenz, kostspielig, aber sehr verhandelbar zu sein. Schwer zu quantifizierende Faktoren wie Lage, architektonische Details, gärtnerische Gestaltung, die Qualität der Nachbarhäuser – was Einzelhändler »Reiz der Gegend« nennen – können den Preis in die Höhe treiben. Sie können ebenso sicher sein, dass die Besitzer weit weniger als 795 000 Dollar bezahlt haben, als sie das Haus vor 14 Jahren kauften. Mit anderen Worten, dieser Listenpreis bietet sehr viel Verhandlungsspielraum. (Das ist der Unterschied zwischen dem Verhandeln mit einem Autohändler um einen Ford zu 8900 Dollar und um einen Mercedes zu 89 000 Dollar; bei dem teuren Mercedes hat der Händler einen weit höheren Verhandlungsspielraum.)

Wenn Sie ein Zuhause kaufen, haben Sie es mit vielen Unsicherheitsfaktoren zu tun. Aber einer Sache können Sie sicher sein. Wenn Sie den geforderten Preis von 795 000 Dollar bezahlen, dann kaufen Sie nicht billig. Wenn der Verkäufer kein Narr oder unter großem Verkaufsdruck steht, dann stellt dieser Preis sicherlich die absolute Spitze dar. Der Verkäufer, der diese Summe erzielt, verkauft definitiv sehr teuer.

Die Realität der Verhandlungsdynamik beim Hauskauf sieht so aus: Alle Verkäufer sind darauf vorbereitet, weniger als den geforderten Preis zu nehmen, und alle Käufer wissen das. Es ist interessant zu sehen, was die Käufer mit dieser Information machen. Sie wissen, dass der Verkäufer eine hohe Forderung stellt, aber bereit ist, weniger zu nehmen. Trotzdem agieren sie nicht so aggressiv, wie sie es angesichts dieses Wissens tun sollten. Statt den geforderten Preis von 795 000 Dollar mit der Verachtung zu behandeln, die er verdient, würdigen sie ihn. Sie verwenden ihn als Ausgangspunkt für ihr Erstgebot.

Wir alle kennen diesen Paarungstanz. Der Käufer zieht die üblichen 10 Prozent vom Listenpreis ab (das heißt 80 000 Dollar) und bietet 715 000 Dollar für das Haus. Der Verkäufer lehnt das erste Angebot natürlich ab, aber gesteht eine Reduzierung des Preises von sagen wir 15 000 Dollar zu. Der Käufer wiederum erhöht sein Angebot um eine ähnliche Summe. Jeder weiß, wohin diese Routine führt. Nach zwei oder drei Geboten und Gegengeboten treffen sich die beiden Parteien in der Mitte bei 755 000 Dollar. Der Käufer hat sein Angebot um 40 000 Dollar erhöht, der Verkäufer eine ähnliche Summe abgezogen. In der Tat hat der Käufer, indem er den überhöhten Preis des Verkäufers um die üblichen 10 Prozent gesenkt und man sich in der Mitte getroffen hat, sichergestellt, dass er ein Ergebnis erzielt, das schlechter als der Standard ist – in diesem Fall ein um nur 5 Prozent billigeres Haus.

Der Käufer könnte viel mehr herausschlagen, wenn er sich zweier unveränderlicher Verhandlungsregeln erinnern würde:

- Verkäufer kommen besser davon, wenn sie hohe Forderungen stellen.
- Käufer kommen besser davon, wenn sie niedrige Angebote machen.

Beides schließt sich nicht gegenseitig aus. Es genügt nicht, zu erkennen, dass der Verkäufer hoch beginnt. Als Käufer müssen sie willens sein, niedrig zu beginnen – und nicht nur niedrig, sondern unverschämt niedrig.

Wenn ich für dieses Haus ein Angebot machen würde, läge mein erstes Angebot bei 575000 Dollar, das heißt 20 bis 30 Prozent niedriger.

Der Verkäufer könnte über dieses Angebot spotten, doch ich könnte es jederzeit erhöhen. (Jeder kann im Spiel bleiben, wenn er ständig bereit ist, mehr zu bezahlen.)

Der Verkäufer könnte mit einem leicht niedrigeren Preis kontern, er könnte ein Szenario des Sich-auf-halbem-Wege-Treffens in Gang setzen, das dann bei 685000 Dollar endet. (Das ist sicherlich eine Verbesserung gegenüber einem Eröffnungsangebot von 715000 Dollar, das dann bei 755000 Dollar endet.)

Aber ich werde nie erfahren, wieviel Verhandlungsspielraum die andere Seite hat, solange ich mir selbst nicht so viel Raum wie möglich gebe. Ganz tief zu beginnen, ist der beste Weg dafür.

Ein unverschämtes Angebot ist nicht unverschämt

Ich bin nicht ganz sicher, warum viele ein unverschämt niedriges Angebot nur sehr ungern machen, oder warum sie denken, dass Herunterhandeln unverschämt sei. Möglicherweise wollen sie nicht den Eindruck erwecken, als könnten sie sich nichts leisten.

Möglicherweise vertrauen sie zu sehr auf den »empfohlenen Verkaufspreis«. Vielleicht wissen sie es nicht oder haben ihre Hausaufgaben nicht gemacht: sie wissen gar nicht, was ein fairer Preis ist.

Variationen dieser Themen sehe ich innerhalb unseres Unternehmens, selbst wenn es offensichtlich ist, dass wir bei einer Verhandlung alle Trumpfkarten in der Hand halten.

Vor einigen Jahren, als der Abteilungsleiter eines unserer größten Kunden plötzlich ohne Job dastand, wollten einige innerhalb unserer Führungsetage diesen Mann einstellen. Sie hatten in den letzten Jahren viele Geschäfte mit ihm gemacht und mochten ihn.

Ich fragte den Mitarbeiter, der an der Spitze dieser Bewegung zur Einstellung dieses Mannes stand, was er eigentlich genau tun sollte in unserem Unternehmen, da seine Fähigkeiten sich mit denen von anderen überschnitten, die schon bei uns arbeiteten. Er sagte: »Er ist talentiert, er verfügt über sehr gute Kontakte zur Industrie, und er ist verfügbar. Er wird etwas bewegen können.«

Dann fragte ich, was es uns kosten würde, ihn zu bekommen. Er erzählte mir, dass sein Jahreseinkommen bei seinem alten Job bei 250 000 Dollar gelegen hatte (eine äußerst großzügige Summe, die teilweise erklärte, warum er keine Arbeit hatte), meinte aber, dass er ihn auch für 200000 Dollar bekommen würde.

Das verblüffte mich – nicht nur weil 200 000 Dollar sehr viel waren (das ist immer noch sehr viel), sondern aufgrund der erschreckend unsoliden Verhandlungslogik, die unser Executive verwendete, um zu dieser Zahl zu kommen.

Er war dermaßen auf die saftige Entschädigung fixiert, die sein Freund bisher erhalten hatte, dass er sie als Ausgangspunkt für jegliche Gehaltsverhandlungen ansah. Nach seiner Vorstellung durften wir das Gehalt dieses Mannes gar nicht in Frage stellen, sondern sollten ihm so nah wie möglich kommen. Tatsächlich ließ er den Freund das hohe Niveau bestimmen. Er erlaubte ihm, hoch anzusetzen.

Ich sehe das anders. Zum einen war er ohne Arbeit. Es gibt einen Unterschied zwischen »er verdiente 250 000 Dollar« und »er verdient 250 000 Dollar«. Ich müßte letzteres vielleicht berücksichtigen, aber nicht ersteres.

Zweitens brauchten wir ihn nicht wirklich. Er war verfügbar

und hätte unsere Führungsriege noch etwas verstärken können, aber wir hätten auch ohne ihn überleben können. Er war ein Führungstalent, das zu gewinnen nett wäre, aber es war kein Muss.

Drittens konnte mir niemand genau sagen, was er uns eigentlich einbringen würde. Wenn er am ersten Tag mit zwei oder drei Klienten in der Tasche zu uns käme, und jeder stellte ein solides, bestimmbares Einkommen dar, dann könnte ich mir vorstellen, ihm zu zahlen, was immer er wollte. Er wäre es wert. Andernfalls aber war er eine Investition ohne vorhersehbaren Ertrag, wir hatten volles Risiko und keine Belohnung.

Ich dachte außerdem, dass unser Unternehmen ein Prädikat einfach dafür verdiente, wer wir waren. Ich mache mir nicht vor, dass wir ein Industriegigant wie General Motors oder ein Marketinggigant wie Procter & Gamble sind, aber in unserem kleinen Bereich des Sportbusiness besitzen wir einen Weltklasseruf. Wir sind der Marktführer. Wenn er also bei uns landen würde, wäre das für ihn ein Schritt nach oben, ein Umzug in eine bessere Nachbarschaft. Ich hatte nicht unbedingt das Gefühl, dass er uns für das Privileg, für uns arbeiten zu können, bezahlen müßte, aber ich dachte, dass unser Ruf wohl etwas wert sei.

In meiner Vorstellung verstärkten all diese Faktoren unsere Verhandlungsbasis und machten jedes Recht, dass dieser Mann seinen bisherigen Gehaltsscheck als Ausgangspunkt für eine Gehaltsforderung nahm, zunichte.

Als ich unsere Mitarbeiter dahingehend instruierte, ihm ein sehr niedriges Angebot zu machen, dachten sie, er wäre dann beleidigt. Als er schließlich für ein Drittel seines bisherigen Gehaltes bei uns unterschrieb, waren sie überrascht. Ich nicht.

Die erste Zahl ist die gefährlichste

Ein gewiefter Verhandlungsführer weiß, dass die gefährlichste Zahl bei jeder Verhandlung die erste Summe ist, die genannt wird. Das ist der Anker, die hohe oder niedrige Zahl, die die gesamte

Diskussion, die nun folgt, bestimmt. Sie ist gefährlich, wenn nicht Sie es sind, der die Zahl genannt hat, denn dann wissen Sie nie, ob sie legitim oder erfunden, fair oder völlig übertrieben ist. Sie wissen nicht, woher sie kommt oder wer sie sich ausgedacht hat.

Als Verhandlungsführer behandle ich jede erste Zahl mit äußerster Skepsis. Wenn ich kaufe, nehme ich an, die andere Seite startet hoch. Wenn ich verkaufe, vermute ich, die andere Seite beginnt niedrig. Und ich antworte mit dem anderen Extrem. Wenn mein Gegenüber 100 Dollar verlangt, und ich will 60 zahlen, dann biete ich nicht 60 oder 50 an, sondern beginne bei 30 oder gar 20. Indem ich den Abstand zu ihm erhöht habe, habe ich den Freiraum sowohl für mich erweitert, um den Preis zu erhöhen, als auch für ihn, um den Preis zu senken.

Beginnen Sie niedrig oder hoch, aber wenn Sie es nicht gerade lieben, eng begrenzte Spielräume zu haben, die Ihre Optionen reduzieren und Ihre Manövrierfähigkeit begrenzen, beginnen Sie nicht dazwischen.

Hüten Sie sich vor dem Käseglockeneffekt

Für das untrainierte Auge scheint unser Unternehmen zwei strukturelle Vorteile zu besitzen, die uns den Freibrief geben, im großen Maßstab denken zu können.

1) Wir verhandeln für Klienten, nicht für uns selbst. Das ist die Theorie des »Wenn Sie sich selbst vertreten, dann haben Sie einen Narren zum Klienten«. Es ist angeblich leichter, ein aggressiver Anwalt für eine andere Partei zu sein, als für sich selbst.
2) Unsere Klienten sind meist Superstars, Goldmedaillengewinner und Weltmeister. Wie hart kann es sein, einen großen Deal für jemanden auszuhandeln, der in seinem Bereich sowieso der größte Deal ist?

Die Wahrheit ist etwas komplizierter.

Ja, es ist nett, für eine abwesende Partei zu verhandeln, und sei es nur, um sagen zu können: »Ich muss das mit meinem Klienten besprechen«, denn das ist eines der großen (und unterschätzten) Verhandlungswerkzeuge. Die Schattenseite dabei ist natürlich, dass diese Besprechungen mit dem Klienten Ihnen nicht immer die Antwort liefern, die Sie hören wollen.

Seit zum Beispiel Andre Agassi 1992 Wimbledon gewann, sagen die Agenten in unserer Londoner Abteilung, dass sie riesige Publikationsverträge (Bücher, Kalender, Zeitungskolumnen usw.) für Agassi aushandeln können. Aber Andre ist gar nicht daran interessiert, seine Lebensgeschichte zu schreiben. Er ist noch jung. Er liebt sein Privatleben. Er beschäftigt sich lieber mit Tennis als damit, ein Buch zu schreiben. Das ist die Schattenseite, wenn man für Klienten verhandelt. Egal wie brillant man in ihrem Sinne arbeitet, sie haben immer das Recht, nein zu sagen.

Es wird schwieriger, wenn der Klient ein Superstar ist. Zwar verbessert die Vertretung von erstrangigen Klienten unsere Chance, unsere Glaubwürdigkeit und Autorität, im großen Maßstab zu denken, aber damit werden auch die finanziellen Hürden höher, die wir zu erklimmen haben. Ein 100 000-Dollar-Vertrag, der einen Mittelklassespieler im Golf oder Tennis glücklich machen würde, bliebe für einen Topspieler wenig bemerkenswert. An einem bestimmten Punkt erreichen Superstars in bestimmten Sportarten eine Schwelle, wo sie einfach nicht noch mehr Geld brauchen.

Superstars setzen nicht nur einfach die Latte höher. Sie erhöhen sie weiter, egal was Sie tun. Superstars haben Egos. Sie haben häufig eine übertriebene Vorstellung von ihrem Wert. Sie sind sehr wettbewerbsorientiert. Sie hören, was ihre Rivalen machen (was nicht immer wahr ist). Es genügt nicht, dass der Deal, den Sie für sie verhandeln, fair, elegant und gewinnbringend ist. Er muss gewinnbringender sein als alle anderen.

Ich erwähne das nicht, um Mitgefühl zu erwecken. Glauben Sie mir, ich habe lieber Weltklasseklienten (mit all ihren Forderungen), als sie nicht zu haben. Aber es verdeutlicht eine schädliche Dynamik, die den Leuten vorgaukelt, in großen Maßstäben zu denken, wenn sie in Wirklichkeit an andere Dinge denken sollten.

Wenn man an die Käseglocke denkt, unter der viele hochbezahlte Sportler heute leben, umgeben von Unterstützern, Bewunderern und Anhängern, die ihnen ständig erzählen, wie groß sie sind, dann ist es leicht zu begreifen, warum sich Sportler daran gewöhnen, in großen Maßstäben über sich zu denken. Das ist der Käseglockeneffekt, die täuschende Vorstellung von Größe, die aus der Analyse ihrer Position und dem Messen ihres Wertes nur anhand von Gesprächen mit Menschen, die mit ihnen übereinstimmen oder dasselbe persönliche Interesse haben, stammt.

Ich erlebe diesen Effekt bei allen möglichen Verhandlungen, selbst bei Gehaltsgesprächen. Wenn ich einen Angestellten frage, was für eine Erhöhung er sich vorstellt, dann antwortet er meistens mit einer Zahl, die unglaublich nahe an der ist, die ich im Kopf hatte. Das macht Sinn. Wenn Sie gute Leute fragen: »Was wäre fair?«, dann sind sie in der Regel auch fair.

Aber es gibt immer welche, die mein Angebot als Freibrief betrachten, um unangemessene Forderungen zu stellen. Sie nennen eine Zahl, die überhaupt nicht ihren Leistungen und dem, was ihre Kollegen erhalten, entspricht. Wenn ich dann an der Oberfläche kratze, finde ich normalerweise Anzeichen für den Käseglockeneffekt. Manchmal ist es ein Ehepartner, der sie anstachelt und sagt: »Das Unternehmen schätzt deine Arbeit nicht richtig ein.« Oder ein enger Freund flüstert ihnen ins Ohr, wieviel ihre Kollegen bei anderen Unternehmen verdienen. Oder es ist einfach ein Angestellter, der mit sich selber spricht, all seine Vorzüge aufzählt, dabei praktischerweise seine Nachteile ignoriert und sich dadurch in eine kühne, ziemlich sonderbare Position hochschaukelt.

Die Einzelheiten mögen verschieden sein, aber die Wurzel ist überall gleich. Der Angestellte hat sich von der Umwelt isoliert und hört nur noch auf die Freunde, die ihm und sich selbst Gutes wünschen. Andere Meinungen von außerhalb sind nicht willkommen. Mit den positiven Anfeuerungsrufen im Ohr, die ihn dazu inspirieren, neue Höhen zu erklimmen, fängt er, und das ist nicht überraschend, damit an, in großem Maßstab zu denken – größer, als es ihm zusteht.

Als Chef ist es meine Pflicht, ihn wieder auf den Boden der Tatsachen zurückzubringen. Ich wäre aber weit mehr beeindruckt (und großzügiger), wenn er es von allein getan hätte – indem er außerhalb seiner gemütlichen Käseglocke um Rat gefragt hätte.

Dieser Effekt ist bei von Konkurrenzdenken geprägten Gebots-Situationen am gefährlichsten. Schließlich hat man nichts davon, wenn man im großen Maßstab denkt und ein anderer Bieter, der in einem ein wenig kleineren Maßstab gedacht hat, gewinnt.

Wir erlebten diesen Effekt letztes Jahr, als wir um das Orange Bowl verhandelt haben. Der Orange Bowl ist ein Footballstadion in Miami, Florida, das über 60 Jahre lang das Neujahrsspiel zwischen zwei der besten College-Footballteams Amerikas veranstaltet hat. Damit Sie unser Dilemma richtig verstehen können, möchte ich Ihnen etwas über den amerikanischen College-Football erzählen.

Collegesport ist in den USA ein reiner Amateursport, aber trotzdem ein großes Geschäft. Football ist hier die bedeutendste Sportart überhaupt. Doch im Gegensatz zu allen anderen Collegesportarten – vom Basketball über das Schwimmen bis zum Feldhockey – hat Football kein Turnier oder Play-off-System, um den Meister einer Saison zu bestimmen. Es gibt kein Meisterschaftsendspiel zwischen den beiden besten Teams. Statt dessen spielen die verschiedenen regionalen Meister am Neujahrstag in sechs Bowl-Spielen – dem Rose Bowl in Pasadena, Kalifornien, dem Sugar Bowl in New Orleans, dem Cotton Bowl in Dallas, dem Fiesta Bowl in Arizona, dem Gator Bowl in Jacksonville, Florida, und dem Orange Bowl. Am Ende des Tages beurteilen ungefähr 100 Trainer und Journalisten die Spiele und stimmen darüber ab, welches Team Meister werden soll.

Das mag für Menschen außerhalb der USA ein merkwürdiges System sein – das wäre dasselbe, als würde man die Journalisten über den Europapokalsieger der Landesmeister bestimmen lassen –, aber das funktioniert so seit Jahren, denn jedes Bowl-Spiel ist ein finanzieller Erfolg auf seinem lokalen Markt. Der einzige Nachteil des Systems sind gelegentliche Kontroversen bei der Bestimmung des definitiven nationalen Meisters.

1994 gab es einen Versuch, das Problem zu lösen. Alle regionalen

Zusammenschlüsse (außer den beiden, die mit dem Rose Bowl zusammenarbeiteten) waren sich einig, eine Vereinigung mit dem Namen The Alliance zu gründen, die garantieren würde, dass für die nächsten sechs Jahre die beiden besten Teams im Land am Neujahrstag an einem von drei Bowl-Spielen aufeinandertreffen würden. The Alliance lud die verschiedenen Spielorte ein, blinde Gebote zu unterbreiten, um zu bestimmen, welche drei sich diese Meisterschaftsspiele untereinander im Drei-Jahres-Wechsel aufteilen sollten.

Unser Klient war der Orange Bowl. Wir hatten für den Orange Bowl bereits zwei größere Aufträge an Land gezogen. Wir hatten die Übertragungsrechte an CBS für 86 Millionen Dollar über 6 Jahre verkauft und mit Fedex einen Sponsorenvertrag über ebenfalls sechs Jahre in einer Höhe von 26 Millionen Dollar abgeschlossen.

Unser neuer Auftrag hieß, für den Orange Bowl zu bieten, um Teil von The Alliance zu werden. Dabei trat der Käseglockeneffekt ein. Inklusive der Übertragungs- und Sponsoreneinkommen würden die Gebote bei etwa 100 Millionen beginnen, das wußten wir. Als wir aber mit dem Klienten sprachen, schweifte die Diskussion immer auf die inhärente Überlegenheit des Orange Bowl ab.

Seine Lage war hervorragend. Miami ist eine kosmopolitische, boomende Stadt mit ausreichend Attraktionen für gesellschaftliche Unterhaltung. Im Januar herrscht sonniges Wetter, und mit den schönen Stränden betrachteten die Trainer Miami als netten Urlaubsort bzw. Belohnung für ihre Spieler.

Es besaß jedoch vor allem die Tradition und das Image als führendes Stadion überhaupt. Durch Glück, Mut und ausgeprägtes Talent für effektvolle Darstellungen hatte der Orange Bowl immer wieder die besten Teams angezogen. Seit den Siebzigern wurde die nahezu mythische nationale Meisterschaft häufiger als irgendwo sonst im Orange Bowl ausgetragen.

Mit anderen Worten, das Komitee des Orange Bowl war überzeugt, die besten Karten zu haben. Als ihre Ratgeber waren wir geneigt, ihnen zuzustimmen. (Deshalb mochten wir sie als Klienten. Sie waren die Besten.) Als wir unser Angebot vorbereiteten, war der Glaube, dass der Orange Bowl »der Erste unter Gleichen« sei, sehr in uns verhaftet und beeinflußte unser Denken.

Die Situation war schon prekär. Wenn unser Gebot zu hoch war, würde der Orange Bowl Geld verlieren und damit seine finanzielle Lebensfähigkeit. Wenn das Gebot zu niedrig war, würde der Orange Bowl aus den Meisterschaftsspielen herausfallen. Es würde damit seinen Spitzenstatus verlieren. Der Übertragungsdeal mit CBS müßte neu verhandelt werden. Die Sponsoren wären unglücklich. Es wäre ziemlich wahrscheinlich, dass der Orange Bowl Pleite machen würde. Wir von IMG wollten nicht als die Verhandlungsführer gelten, die das Orange Bowl umgebracht hatten.

Aber das hielt uns nicht davon ab, im großen Maßstab zu denken. Wir saßen unter derselben Käseglocke wie unser Klient und waren davon überzeugt, dass wir eine Prämie dafür verdienten, das beste Produkt zu haben. Wir nahmen ein paar Millionen von unserem Gebot weg (auch das Kleinhalten Ihrer Kosten ist Denken im großen Maßstab). Doch unser Gebot von 102 Millionen Dollar erwies sich als beträchtlich geringer als die 110 Millionen bis 115 Millionen von Gator, Fiesta und Sugar Bowl. Wir waren nur Vierte. Wir hatten das Undenkbare erreicht: Unser Klient war potentiell schon aus dem Rennen um die Meisterschaft.

Im nachhinein war unser Fehler, den Käseglockeneffekt übersehen zu haben. Wir waren so mitgerissen vom etablierten Prestige des Orange Bowl, dass wir dabei vergaßen, dass es unser Job war, dem Komitee des Orange Bowl zu sagen, dass es möglicherweise nicht in ihrem besten Verhandlungsinteresse lag, sich als erster unter Gleichen zu betrachten. In einer Wettbewerbssituation kann die Vorstellung, der Beste zu sein, einen Nachteil bedeuten. Außerdem betrachteten wir die Situation nicht aus dem Blickwinkel des Ausschußvorsitzenden von The Alliance (immer ein großer Fehler). Wir dachten, die Vorteile des Orange Bowl sprächen für sich. Wie konnten die Ausschußmitglieder sie ignorieren? Wir vergaßen, dass es nicht ihr Job war, unseren Klienten zu begünstigen. Ihr Job war, unparteiisch und fair zu sein. Das wird durch blinde Gebote gewährleistet.

Ich hätte von diesem Zwischenfall wahrscheinlich nicht erzählt, wenn er nicht ein glückliches Ende gefunden hätte. Nach einigen ernsthaften Neupositionierungen waren wir in der Lage, die Ausschußmitglieder davon zu überzeugen, dass die nichtfinanziellen Faktoren des Orange Bowl – seine Lage, das Wetter und die Tradition – etwas zählten. Mit einer kleinen Dreingabe akzeptierten sie unser Gebot.

Aber ich denke mit Schaudern daran, wie nahe wir an einem Desaster vorbeigerutscht sind. Das ist die Gefahr eines Denkens in großen Maßstäben innerhalb eines geschlossenen Raumes. Wenn man nur mit sich selbst spricht, kann man sich in schreckliche Situationen hineinmanövrieren.

Kapitel 5
Fortgeschrittene Techniken, um Ihre Seite des Geschäfts voranzubringen

Wie man aus einer Sackgasse herauskommt

Es ist erstaunlich, wie viele Deals jeden Tag in jeder Firma nicht zustande kommen, weil Verkäufer und Käufer eine Verhandlungssackgasse erreicht haben und nicht wissen, wie sie da wieder herauskommen sollen. Ich bin erstaunt, wie viele Geschäfte verloren gehen, weil die Kontrahenten aufgrund festgefahrener Positionen und verschlossener Egos nicht clever genug sind, eine Taktik zu finden, um sich aufeinander zuzubewegen, ohne das Gesicht zu verlieren. Ich vermute, die Zahl verlorener Deals würde die meisten Bosse erschrecken.

Aus einer Sackgasse herauszufinden, hat auch seine gute Seiten.

Früher glaubte ich, dass eine Transaktion zustande kommt, wenn die Beteiligten es wirklich wollen. Wenn man in eine Sackgasse geriet, dann war es in Ordnung nachzugeben, denn es war wichtiger, den Deal zu Ende zu bekommen, als den Deal korrekt abzuschließen. Das glaube ich inzwischen nicht mehr. Ein schlechter Deal läßt eine Seite immer unzufrieden zurück. Früher oder später wird die Partei einen Weg finden, um dort herauszukommen. In diesem Sinne ist es besser, an einem toten Punkt wegzugehen, statt den Deal zugunsten des anderen abzuschließen.

Ich denke, dass auch der massive Kostenbegrenzungsdruck bei den meisten Unternehmen die Beteiligten nervöser gemacht hat, wenn es um Sackgassen geht. Man will nicht den Eindruck erwekken, man hätte zu viel bezahlt oder zu billig verkauft. Mit all den Kürzungen und Forderungen nach Mehrfachgeboten und dem leichten Informationszugang haben die Verhandlungsführer mehr Angst davor bekommen, dass irgendwo irgendwer ihre Fähigkeit, einen Deal erfolgreich abzuschließen, in Frage stellen wird. Also lieber weggehen, als sich festbeißen.

So muss es nicht sein. Abhängig von den Umständen muss die Durchbrechung einer Sackgasse nicht unbedingt bedeuten, dass man mehr bezahlt oder weniger akzeptiert. Aber es hat mit einem leichten Wechsel im Verhandlungsterrain zu tun. Hier sind vier einfache Taktiken, um eine Sackgasse aufzubrechen.

1. Rackern Sie sich nicht für Details ab

Wenn ich eine Management- oder Verhandlungsschwäche habe, dann die, dass ich die meisten Dilemmata mit einem breiten Besen kehre. Ich habe weder die Zeit noch den Wunsch, meine Hände in die unklaren Details der meisten Transaktionen zu stecken. Die Detailarbeit machte ich als junger Rechtsanwalt, beim Nachdenken über Verträge. Ich tat das Gleiche, als ich begann, Golfspieler zu managen (wer sonst würde es tun?). Heutzutage kann ich die Details delegieren, und ich tue es bedenkenlos.

Dieser automatische Zwang, problematische Details beiseite zu fegen, ist ein wichtiges Verhandlungswerkzeug. Als Manager habe ich viele interne Streitigkeiten dadurch gelöst, dass ich die beiden Kontrahenten zusammenbrachte, mir ihre Differenzen anhörte und sie dann mehr oder weniger ignoriert habe. Ich sage ihnen: »Warum legt Ihr beide Eure belanglosen Beschwerden nicht mal zur Seite und fangt an, miteinander zu arbeiten. Dann treffen wir uns in einem Monat wieder und werden sehen, ob sich etwas verändert hat.« Wenn man die Beteiligten dazu zwingt, als Verbündete zu funktionieren, vergessen sie meist schnell ihre Rollen als Widersacher.

Nicht anders ist es bei einem Deal, der in einer Sackgasse steckt. Mit einem groben Besen in der Hand erzähle ich dem Gegenüber: »Schauen Sie mal, wir werden das Problem jetzt nicht lösen. In den wesentlichen Dingen sind wir einer Meinung. Warum fangen wir nicht einfach an, miteinander zu arbeiten, und die bisher ungelösten Probleme verhandeln wir in gutem Glauben zu einem späteren Zeitpunkt.« Mein Verhandlungsmotto ist: »Packen wir's an!« Denn ich weiß, wenn mein Gegenüber und ich erst einmal zu Verbündeten geworden sind, denken wir danach weniger als Gegner.

2. Wechseln Sie die Spieler aus

Manchmal entstehen Sackgassen, weil die persönliche Chemie nicht stimmt. Es sind gar nicht die einzelnen zu verhandelnden Punkte, die das Ganze in die Länge ziehen, sondern die Verhandelnden selbst. Beide Seiten können sich überhaupt nicht leiden.

Die einfache Lösung wäre, einen geeigneteren Spieler zu nehmen. Beim Sport ist das kein Problem. Wenn ein Werfer beim Baseball vom Gegner geschlagen wird, dann bringt der Trainer einen neuen Werfer, normalerweise einen, der von der anderen Seite der Abwurfstelle wirft und eine etwas andere Wurftechnik besitzt.

Im Geschäftsleben ist es nicht so einfach. Da scheint es ein ungeschriebenes Gesetz zu geben, dass diejenigen, die das Geschäft initiiert haben, es auch abschließen. Sie müssen im Spiel bleiben, auch wenn sie gar nicht mehr effektiv sind.

Mein Rat an jeden Verhandlungsführer: Hinterfragen Sie die Regeln. Wenn Sie den Job nicht hinkriegen, nehmen Sie sich selbst aus dem Spiel. Nehmen Sie einen anderen rein. Die andere Seite wird deshalb nicht schlechter von Ihnen denken. Wenn sie wirklich wollen, dass der Abschluß zustande kommt, sind sie wahrscheinlich dankbar.

3. Bringen Sie Mitarbeiter ein, die etwas bewegen können

Die meisten Verhandlungsführer neigen dazu, sehr von Konkurrenzdenken geprägt zu sein. Das macht sie wertvoll. Sie sind gewillt, für die einzelnen Punkte des Geschäfts zu kämpfen, die andere einfach liegen lassen. Aber diese Haltung ist nicht immer die geeignete.

Meiner Meinung nach ist eine Sackgasse häufig ein Signal dafür, dass die Verhandlung von einem Wettbewerbsmodus zu einem Kooperationsmodus wechseln muss. Folglich müssen Sie eine andere Person in die Verhandlung einführen, jemanden, der weniger streiten als vielmehr zusammenarbeiten möchte.

Vor einigen Jahren hatte ich es mit einer in die Länge gezogenen Verhandlung für die Sponsorenschaft einer Sportveranstaltung zu tun. Wir verhandelten über einen langfristigen Deal mit jährlich steigenden Zahlungen. Wir kamen über die Höhe der jährlichen Steigerungen in Schwierigkeiten, und zwar vor allem deswegen, weil wir sahen, wie sehr die Veranstaltung in drei oder fünf Jahren an Wert gewinnen würde, und der Sponsor das nicht sah. Das war eine ernste Sackgasse.

Um den Verhandlungen eine neue Wendung zu geben, lud ich einen unserer leitenden Fernsehtechniker dazu ein, über die unglaublichen Veränderungen bei der Übertragungs- und Satellitentechnologie zu sprechen. Ich hatte keine Ahnung, inwieweit die Präsentation des Technikers für mich oder den Sponsor beeindrukkend wäre. Doch eine Konferenz genügte, und der Sponsor begann den Wert der Veranstaltung zu verstehen und akzeptierte unsere Honorarstruktur.

Als Verhandlungsführer verfügte ich nicht über das Wissen oder die Autorität, um solche Behauptungen für die Veranstaltung aufzustellen. Als derjenige, der dann tatsächlich für die Übertragung der Veranstaltung zuständig ist, war unser technischer Leiter der richtige Mann dafür.

Wenn Sie in eine Sackgasse geraten, weil die andere Seite nicht all den Behauptungen, die Sie für Ihr Produkt oder Ihren Service aufstellen, glaubt, dann tadeln Sie sie nicht für ihre Skepsis. Bringen Sie einen Praktiker mit ins Spiel, der die Erfahrung und die Glaubwürdigkeit besitzt, um solche Behauptungen glaubhaft zu machen.

4. Erzählen Sie einen Witz

Ein gut erzählter Witz kann angesichts einer Sackgasse mit dazu beitragen, die vorhandenen Spannungen aufzulösen. Aber Sie müssen dabei sehr unverfroren, deutlich und pointiert sein.

Mein Freund Ben Bidwell ist einer der schlagfertigsten Menschen, die ich kenne, und er hat seine freche Zunge oft eingesetzt, um sich aus Sackgassen zu befreien. Zu Beginn der siebziger Jahre, als Bidwell die Lincoln-Mercury-Abteilung von Ford leitete, kamen die Erbsenzähler im Hauptquartier zu dem Schluß, dass der Mercury Cougar eine finanzielle Belastung für die Abteilung sei. Er sollte aus dem Verkehr gezogen werden. Bidwell dachte, das sei grotesk, nicht zuletzt, weil ein Puma (cougar) Mercurys Werbesymbol und Slogan war (»Das Zeichen der Katze«).

Henry Ford II berief eine Versammlung ein, um über das Schicksal des Mercury Cougar zu entscheiden. Ford ging im Raum umher und befragte die Führungskräfte, die mit seltener Einmütigkeit dafür waren, den Cougar verschwinden zu lassen. Bidwell sagte kein Wort. Daraufhin meinte Ford zu ihm: »Wir haben von Ihnen noch gar nichts gehört, Bidwell. Was denken Sie?« Bidwell machte eine Pause und sagte: »Ich habe nur eines zu sagen, Herr Ford. Man kann einen Katzenhaushalt nicht ohne Katze führen.«

Es dauerte einen Moment, bis die Bemerkung verstanden wurde. Dann begann Ford zu lachen, und die übrigen im Raum lachten mit. Ein Witz. Eine Sackgasse war abgewehrt.

Man braucht drei Leute, um Hardball zu spielen

Hardball im Geschäftsleben heißt, einen schwierigen Standpunkt in einer bestimmten Situation einzunehmen – und wichtiger noch, das auch durchzuhalten.

Das ist der Moment, wo Sie sämtliche Regeln aus Fachbüchern über die Verhandlung mit zwei Gewinnern beiseite legen und der anderen Seite genau klarmachen, wieviel Sie gewinnen wollen, ohne Rücksicht darauf, was diese meint, dabei verlieren zu können.

Die meisten stellen sich beim Hardball ziemlich ungeschickt an. Sie sind ungeduldig. Sie verstehen die andere Seite falsch. Sie kalkulieren ihre Druckmittel falsch. Sie haben kein langfristiges Ziel, das ihre Hartnäckigkeit unterstützt.

Sie erleben das am häufigsten bei Menschen, die glauben, Hardball bedeutet bei Eins-zu-Eins-Situationen hart oder aggressiv zu sein. Im Gegenteil, ich glaube nicht, dass man Hardball eins zu eins spielen kann – weil der Gegenüber in jedem Moment sich einfach weigern kann, mitzuspielen. Das heißt, er steht einfach auf und geht weg.

Um Hardball im Geschäftsleben effektiv spielen zu können, benötigen Sie immer eine dritte Partei, die dafür sorgt, dass jeder am Tisch bleibt. Ohne diese dritte Partei, die die Situation beeinflußt, spielen Sie kein Hardball, sondern machen alles nur schwerer.

Meist ist die dritte Partei ein fordernder Boss, der will, dass die Transaktion abgeschlossen wird, oder eine Uhr, die den baldigen Schlußpunkt anzeigt und Sie damit zwingt, etwas zu tun. In einem Gerichtshof, wo Anwälte sehr oft und gut Hardball spielen, ist die dritte Partei normalerweise ein Richter oder eine Jury. In unserem Geschäft ist es oft das Zeter-und-Mordio-Geschrei der allgemeinen Öffentlichkeit.

Unsere Wimbledon-Verhandlungen in Hongkong Ende der achtziger Jahre mit TVB, einer der erfolgreichsten Fernsehstationen in der Welt, verdeutlicht mein Argument. Es ging dabei um den Verkauf von Übertragungsrechten der Wimbledon-Finalspiele.

Ich sollte erwähnen, dass der Verkauf von Übertragungsrechten größerer Sportveranstaltungen in der ganzen Welt ein bedeutender Teil unseres Geschäfts ist. Wir betreiben ausgedehnte Untersuchungen darüber, was Fernsehstationen für Sportveranstaltungen zahlen, und folglich haben wir eine gute Vorstellung vom relativen Wert der meisten Veranstaltungen auf den meisten Märkten.

Wir schlossen, dass TVB nicht annähernd genug für die Wimbledonrechte bezahlte. TVB hatte seine Zahlungen behutsam um zwei- oder dreitausend Dollar jedes Jahr erhöht, aber wir hatten den Eindruck, dass das für das wertvollste Tennisturnier der Welt viel zu wenig war.

So entschlossen wir uns, in Hongkong daraus ein Thema zu machen. Wir verlangten von TVB eine bedeutende Erhöhung. Sie konterten mit einem inakzeptablen Angebot und argumentierten dabei damit, dass das Wimbledon-Finale in Hongkong nicht das große Ereignis für die allgemeine Öffentlichkeit ist. »Keiner kümmert sich wirklich darum«, sagten sie.

Wir waren damit nicht einverstanden. »Wenn es kein großer Deal ist«, sagten wir, »warum bringen Sie dann nicht eine zeitversetzte Übertragung zum selben Preis?« Da sie nun einmal gesagt hatten, dass es kein großer Deal ist, mussten sie zustimmen.

Wir baten sie auch, uns dabei zu helfen, für die wenigen Tennisfans in Hongkong, die es wirklich kümmerte, eine verschlüsselte Übertragung zu ermöglichen. Sie fanden den Vorschlag gut, und wir arbeiteten auf dieser Linie weiter.

Dann tauchte die einflußreiche dritte Partei auf. Als die Presse erfuhr, dass es keine Liveübertragung von Wimbledon geben würde, gab es einen enormen öffentlichen Aufschrei.

TVB zog ihre Zustimmung zurück, uns bei der verschlüsselten Übertragung zu helfen, und erzählte statt dessen der Presse von Hongkong, dass wir sie dazu gezwungen hätten, die zeitversetzte Übertragung zu akzeptieren, und dass unser eigentliches Ziel wäre, die Öffentlichkeit von Hongkong wegen Wimbledon finanziell bluten zu lassen und das Turnier in eine elitäre Veranstaltung verwandeln zu wollen und die Öffentlichkeit auszuschließen. TVB ging sogar noch weiter und drohte, uns daran zu hindern, die Lizenz für eine verschlüsselte Übertragung zu bekommen – was angesichts ihrer Verbindungen kein Problem für sie war. Ich nehme an, die Taktik, ihren Fall an die Öffentlichkeit zu bringen, war Hardball, aber es war nicht sehr effektiv.

Schließlich hatten immer noch wir den Finger am Drücker; wir besaßen etwas, was die Öffentlichkeit von Hongkong unbedingt haben wollte: die Übertragungsrechte für Wimbledon.

Und so begannen wir, Hardball zu spielen. Wir sagten TVB, dass es für Hongkong überhaupt keine Übertragung geben würde, wenn sie nicht zu einer wesentlichen Erhöhung ihrer Zahlungen bereit wären.

Weil der Aufruhr so groß war, gab TVB in letzter Minute nach. Am Ende hatten wir das Honorar für die Übertragungsrechte verdoppelt.

Das Element bei dem Ganzen war dabei unser Wille, Wimbledon in Hongkong nicht stattfinden zu lassen. Aber ohne die Öffentlichkeit von Hongkong hinter uns hätten wir niemals Erfolg gehabt.

Wenn Sie sich das nächste Mal in einer Verhandlung engagieren – ob es dabei um eine Gehaltserhöhung, um die Herausforderung eines Vorgesetzten oder um den Abschluß eines großen Deals geht –, stellen Sie sich selbst diese beiden Fragen: Gibt es eine einflußreiche dritte Partei, die daran interessiert ist, wie dieser Deal ausgeht? Und steht diese dritte Partei auf Ihrer Seite?

So, die andere Seite nimmt also Veränderungen in letzter Minute vor?

Es gibt bei einer Verhandlung kaum etwas Verwirrenderes als einen Gegenpart, der in letzter Minute die Bedingungen des Abschlusses verändern will. Daraus ergibt sich das Dilemma: soll man nun weggehen oder nachgeben?

Bevor Sie eins von beiden tun, fragen Sie sich selbst: Sind diese Leute heimtückisch? Sind Forderungen um fünf vor zwölf ihre übliche Vorgehensweise? Wenn dem so ist, gehen Sie weg.

Oder sind sie Opfer der Umstände, die außerhalb ihrer Kontrolle liegen? Die meisten Menschen bringen sich nicht in die Bredouille, in der letzten Minute eine Übereinkunft zu ändern, weil sie das wollen, sondern weil sie müssen.

Wir erleben das mit überraschender Häufigkeit im Bereich des Sportsponsoring. Die kommerzielle Seite einer Sportveranstaltung umfaßt so viele konkurrierende Elemente – Sportler, Promoter, Sponsoren, Konzessionen, Fernsehen usw. –, dass Konflikte darüber, wer zu was berechtigt ist, fast unvermeidbar sind. An irgendeinem Punkt glaubt jemand, Sie hätten von jemandem für etwas die Rechte gekauft, der diese Rechte vielleicht gar nicht kontrolliert.

Ich gebe Ihnen ein kleineres, aber typisches Beispiel. Einer unserer Klienten sponsorte ein Bowlingturnier im Mittelwesten. Für eine beträchtliche Summe Geld hatte der Klient die Erlaubnis, das Turnier nach einem seiner Produkte zu benennen, er hängte Transparente am Veranstaltungsort auf, um für das Produkt zu werben, und, was das wichtigste war, während der Finalspiele, die in einem Sportkanal übertragen werden sollten, plazierte er auf den beiden Pin Sweeps (den Armen, die nach jeder Kugel die gefallenen Kegel wegräumen) Produktwerbung.

Die Pin Sweeps waren das Herz der Vereinbarung. Beim Bowling kann eine Kamera die Transparente und Zeichen, die am Austragungsort herumhängen, ignorieren, aber nicht die fallenden Kegel und die Pin Sweeps, die sie wegräumen. Jedesmal wenn eine Kugel geworfen wird, erscheint das Bild des Sponsors auf dem Bildschirm – und dann natürlich auch bei der Zeitlupe. Beim Marketing sind solche Produkteindrücke sehr wichtig. Am Tag der Finalspiele informierte uns der Organisator, dass der Sponsor nur dazu berechtigt sei, auf einem der beiden Pin Sweeps zu werben. Das war aus zwei Gründen eine schlechte Nachricht: Nicht nur erhielt unser Klient nur die Hälfte dessen, was er bezahlt hatte, auch die Zeit lief uns davon.

Die normale Antwort in einer solchen Situation ist, auf Konfrontationskurs zu gehen. Wenn jemand Sie betrügen will, dann wollen Sie es ihm heimzahlen. Sie reden wirres Zeug, toben, verpassen ihm Schimpfnamen, drohen damit, zu den Vorgesetzten zu laufen oder ihn vor Gericht zu zerren. Aber das hätte das unmittelbare Problem nicht gelöst, den Namen unseres Kunden auf die beiden Pin Sweeps zu bekommen.

Statt dessen analysierten unsere Mitarbeiter in Ruhe die Situation und kamen zu dem Schluß, dass der Organisator weder heimtückisch noch böswillig war. Er stand unter dem Druck des Fernsehsenders, der glaubte, das Recht zu haben, seine eigene Werbung auf einen der beiden Pin Sweeps zu kleben.

Wir waren wegen dieser Störung in letzter Minute nicht beleidigt. Tatsächlich hatten wir gar nichts damit zu tun. Soweit wir betroffen waren, hatte der Organisator ein Problem mit dem Fernsehsender, nicht mit uns. Unser Klient hatte für zwei Pin Sweeps bezahlt – und wir konnten weniger nicht akzeptieren. Wenn der Organisator sie nicht liefern konnte, dann würden wir unser Honorar nach der Veranstaltung neu verhandeln – wenn wir die Auswirkung der Veränderung genauer beurteilen konnten.

Vor die Aussicht eines drastisch reduzierten Honorars (das er zweifellos im Geist schon auf die Bank gebracht hatte) für eine verderbliche Ware (die Pin Sweeps wären am nächsten Tag wertlos) gestellt, gab uns der Organisator schnell den zweiten Pin Sweep.

Meiner Erfahrung nach kann man jemanden, der einem das Gewehr an den Kopf hält, am besten dadurch beruhigen, indem man so handelt, als ob das Gewehr gar nicht geladen ist.

Wie man ja, nein oder vielleicht sagt und es auch meint

In jeder Verhandlung gibt es drei Möglichkeiten, auf das Angebot der Gegenseite zu antworten. Man kann es akzeptieren, ablehnen oder um einen weiteren Versuch bitten.

Das Angebot eines anderen zu akzeptieren sollte die einfachste und erfreulichste Geste im Business sein. Man hat einen Deal abgeschlossen. Man sagt ja, reicht sich die Hand und nimmt die Transaktion vor.

Doch genau das machen manche falsch. Die größte Sünde: Sie werden gierig. Sie haben Hintergedanken bezüglich des Preises und meinen, sie hätten vielleicht mehr bekommen können. Wenn sie auf der Grundlage dieser Zweifel handeln, können die Resultate schrecklich werden.

nicht gierig werden Bsp. →

1. Ja sagen ohne Hintergedanken

Ich erinnere mich, wie vor ein paar Jahren eine von mir sehr geschätzte Frau eine Verhandlung zum Kauf eines Medienkonzerns führte. Die Verkäufer hatten den Vermögenswert mehrere Monate lang angeboten und geschlossen, dass diese Frau die einzig seriöse Kaufinteressentin war. Sie war sich dessen bewußt und eröffnete die Verhandlungen mit einem äußerst niedrigen Angebot von 3,5 Millionen Dollar.

Die Verkäufer antworteten erwartungsgemäß, dass sie an eine höhere Summe dachten. Sie zitierten Verkäufe ähnlicher Vermögenswerte, das in der Branche übliche Vielfache der Einkünfte und konterten schriftlich, dass eine akzeptablere Zahl bei 6,5 bis 8 Millionen Dollar läge. Die Frau nahm sie beim Wort und machte ein letztes Angebot von 7 Millionen Dollar – was angesichts der Tatsache, dass sie die einzige Interessentin war, für die Verkäufer ein wirklich guter Coup gewesen wäre.

Aber sie waren undankbar und lehnten ab. Statt einfach ja zu sagen und die Tatsache zu schätzen, dass sie ihr Angebot buchstäblich verdoppelt hatte und sogar mehr bot als ihr akzeptiertes Minimum, versuchten die Verkäufer, sie um mehrere hunderttausend Dollar auf 8 Millionen hochzutreiben.

Die Frau beendete die Verhandlungen umgehend. Sie zog ihr 7-Millionen-Angebot zurück und sicherheitshalber auch ihr 3,5-Millionen-Angebot. Sie verweigerte sich der Bitte der Verkäufer, die Gespräche noch einmal aufzunehmen, was angesichts der Umstände die richtige Antwort war. Der Vermögenswert steht noch zum Verkauf.

Als allgemeine Regel der Verkaufstechnik: Wenn der Käufer Ihren Preis trifft oder gar übertrifft, und Sie haben das bohrende Gefühl, Sie könnten noch mehr bekommen, behalten Sie dieses Geheimnis für sich.

2. Sagen Sie nein, ohne beleidigend zu sein

Ein Angebot zurückzuweisen sollte sogar noch einfacher sein, als ja zu sagen. Sie sagen nein und gehen weg, hoffentlich als Freunde, die auch in der Zukunft Geschäfte miteinander machen. Aber wiederum gibt es Menschen, die es falsch machen. Sie können nicht nein sagen und es dabei belassen. Sie müssen Gründe angeben.

Das Problem mit einer solchen Erklärung ist, dass sie selten positiv klingt.

In unserem Geschäft kommt es immer wieder vor, dass ein Sportler zwischen konkurrierenden Angeboten von sagen wir mal vier Sportbekleidungsfirmen zu wählen hat. In vielen Fällen geht es nicht ums Geld. Der Klient bevorzugt den Stil des einen Herstellers, seinen Ruf, seine Werbestrategie und ist bereit, weniger Geld zu nehmen, um mit demjenigen arbeiten zu können, den er für nobler hält.

Wir müssen sehr sorgfältig überdenken, wie wir zu den unterlegenen Anbietern nein sagen (mit denen wir möglicherweise wiederum Geschäfte für unseren Klienten tätigen wollen). Das Letzte, was sie hören sollen, ist, dass ihr Design in den Augen unseres Kunden häßlich oder ihre Werbung dumm ist. Wir sagen einfach nein – ohne sie zu beleidigen. ohne Gründe

3. Sagen Sie vielleicht und haben Sie Geduld

Die wichtigste Ablehnung bei einer Verhandlung ist natürlich diejenige, die die Tür noch leicht offen läßt – das Nein, das in Wirklichkeit »vielleicht« bedeutet.

Wenn die andere Seite ein inakzeptables Angebot macht, dann vermeiden Sie eine sofortige Reaktion. Ein schnelles Nein ist gewöhnlich emotional und klingt unweigerlich geringschätzig, als ob die andere Seite ihre Intelligenz beleidigt hätte. Das schafft einen persönlichen Graben, den Geld oft nicht überbrücken kann. Sie wissen nie, wie die andere Seite reagieren wird.

Kürzlich verkauften wir ein Verlagshaus an ein Unternehmen, mit dem wir schon oft erfolgreich verhandelt hatten. Das einzige Problem war der Preis.

Der Präsident des Unternehmens, der, wie ich weiß, ein willensstarker und manchmal unflexibler Verhandlungsführer ist, eröffnete mit einer netten runden Summe – die etwa einem Drittel von dem entsprach, was ich erwartet hatte.

Ich sagte nichts. Ich ließ die Zahl zwischen uns im Raum stehen und weigerte mich, sie anzufassen. Mein Ziel: nicht auf Konfrontationskurs gehen. Ich wußte, dass der Präsident ein impulsiver Mann war, der schlecht darauf reagieren könnte, wenn ich sein Angebot einfach ablehne. Ich wollte nicht, dass er mich ärgerlich unterbricht und sagt: »Dann vergessen wir das Ganze eben …«

Statt dessen begann ich über die Punkte zu reden, die nichts mit Geld zu tun hatten. Ich äußerte meine Begeisterung über seine Belegschaft und die Tatsache, dass wir wieder zusammenarbeiten würden. Ich bat darum, mehr über ihre Marketingpläne hören zu dürfen und wie sie mit dem Projekt Geld verdienen wollten.

Der Präsident fraß den Köder. Er war sehr stolz auf seine Organisation und ihre Fähigkeit, Gewinner zu schaffen. Jetzt konnte ich ihn packen. Als er fortfuhr, damit anzugeben, wozu seine Mitarbeiter fähig wären, schraubte ich meine Forderung weiter nach oben.

Wie man aus Konzessionen Siege macht

Obwohl keine zwei Verhandlungen gleich sind, haben sie doch alle eines gemeinsam: An irgendeinem Punkt erwartet man von Ihnen eine Konzession.

Daran ist nichts Falsches. Verhandeln ist Geben und Nehmen. Etwas aufzugeben ist Teil der Ausbildung.

Leider haben viele damit ein Problem. Sie betrachten jede Konzession als Zeichen für Schwäche oder Versagen, als ob das Nachgeben in einem Punkt sie dazu zwingt, in allen anderen ebenfalls nachzugeben. Und so verweigern sie sich stur jedem Nachgeben. Ich habe Verhandlungen erlebt, die auseinandergefallen sind, bevor sie richtig begonnen hatten, weil keine Seite bei der Frage nachgeben wollte, wo die Verhandlungen stattfinden sollen. Beide Seiten setzten Nachgeben mit einer Niederlage gleich.

Ich tendiere zum anderen Extrem. Für mich bedeutet Nachgeben Gewinnen. Ich gehe niemals in eine Verhandlung, ohne genau zu wissen, wie weit ich nachgeben will. Bei einem Verhandlungspunkt nachzugeben bedeutet für mich, die große Chance zu haben, etwas Größeres zu erhalten.

Im Grunde gibt es drei Möglichkeiten, bei einer Verhandlung in einem Punkt nachzugeben:

1. Nachgeben, aber nichts dafür bekommen

Sie wären erstaunt, wenn Sie wüßten, wie viele Menschen so verhandeln, weil es nämlich so einfach ist.

Wenn die Firma, die Ihr Haus renoviert, um eine Verlängerung von 30 Tagen bittet, kommen Sie ihr dann entgegen? Oder erwarten Sie, für diese Konzession entschädigt zu werden? Bitten Sie um einen finanziellen Ausgleich, oder führen Sie eine spätere Strafe ins Feld?

Die meisten, denke ich, würden ihr wohl entgegenkommen. Sie wollen, dass die Firma zufrieden und nicht verbittert ist, wenn sie in Ihrem Haus arbeitet, und dass die Arbeiten bald zu Ende sind. Und Sie könnten das Gefühl haben, die Firma halte Ihnen ein Gewehr an den Kopf. Welche Wahl haben Sie, wenn diese nicht rechtzeitig fertig wird? Und so kommen Sie ihr entgegen – denn das ist der Weg des geringsten Widerstandes.

Auf einer Skala von eins bis zehn gebe ich dieser Art von Konzession eine Fünf.

Sie haben die andere Seite glücklich gemacht. Aber was außer ihrem guten Willen haben Sie dafür erhalten?

2. Nachgeben, aber nur für einen entsprechenden Gegenwert

Das ist die Wie-du-mir-so-ich-dir-Schule des Verhandelns.

Sie wollen bessere Zahlungsbedingungen. Plazieren Sie einen größeren Auftrag. Sie wollen eine Preisreduzierung? Machen Sie heute ein Commitment. Sie wollen kostenlose Lieferung? Akzeptieren Sie den Donnerstag als Liefertag.

Diese Konzession, die sicherlich eine Verbesserung gegenüber dem Nachgeben für nichts ist, ist absolut legitim und erhält auf der Skala eine Acht. Sie geben ein Stück und erhalten ein Stück. Das Problem dabei ist, Sie führen das Spiel nie an. Ihre Position wird nur dann besser, wenn auch die Position der anderen Seite besser wird. Sie verhandeln nicht wirklich. Sie treten auf der Stelle, nur etwas schneller.

3. Nachgeben, aber mehr dafür erhalten

Diese Konzession ist eine perfekte Zehn, besonders wenn die andere Seite gar nicht weiß, wie wenig diese Konzession Sie kostet.

Manche messen den Wert einer Konzession häufig daran, wie hart sie dafür haben arbeiten müssen. Es kostet sie wochenlanges mühsames Feilschen, um einen Preisdurchbruch zu erlangen. Diese Konzession wirkt immenser und wertvoller, als wenn sie auf der Stelle gewährt worden wäre. Die Nettokosten sind für Sie in beiden Fällen gleich, aber die Rendite ist weit größer, wenn die andere Seite sich dafür winden musste.

Wenn Sie aufmerksam sind, können Sie aus fast jedem Verhandlungspunkt eine wertvolle Konzession machen.

Vor fünf Jahren war der Chairman eines europäischen Konsortiums unzufrieden mit der Größe des Gastzeltes seines Unternehmens bei einer größeren Sportveranstaltung. Er wollte ein größeres Zelt haben, und da die Zahl der Zelte begrenzt war, fragte er mich, ob ich aushelfen könnte.

Ich sagte ihm, dass ich mein Bestes tun werde, aber ich machte deutlich, dass dies nicht leicht zu bewerkstelligen sei und dass ich umgekehrt seine Hilfe bei einem Fernsehprojekt erwarte, über das zwischen unseren beiden Unternehmen verhandelt wurde.

Es stellte sich heraus, dass es nicht schwer war, das größere Zelt zu bekommen. Die Direktoren der Veranstaltung hielten das kleine Zelt für feuergefährdet und gaben meiner Bitte schnell nach.

Das erzählte ich aber nicht dem Chairman. Ich wartete ein paar Wochen, und als alle Arrangements getroffen waren, brachte ich ihm die gute Nachricht. Der Chairman dachte, ich hätte für ihn einen wunderbaren Deal gemacht, und dass ich mich für ihn besonders bemüht hätte, und so war er bei den Fernsehverhandlungen bemerkenswert versöhnlich.

Daran ist nichts sonderlich Raffiniertes. Als Verhandlungsführer sind Sie nicht verpflichtet, der anderen Seite zu sagen, dass eine Konzession für Sie leicht ist oder Sie nichts kostet. Und Sie müssen nicht sofort nachgeben.

Es ist sogar so, dass zu schnelles Nachgeben Sie in ein unvorteilhaftes Licht bringen kann. Jemand, der für ein Produkt oder eine Dienstleistung 100 000 Dollar will und mein Niedrigangebot von 50 000 Dollar auf der Stelle annimmt (oder zustimmt, sich auf halbem Wege zu einigen), käme mir verdächtig vor. Während ich glücklich wäre, dass ich meinen Preis durchgesetzt habe, würde ich mich immer fragen, welcher andere Punkt bei diesem Deal ähnlich überhöht ist.

Das Paradox erfolgreicher Beziehungen

In jeder Geschäftsbeziehung denken die beteiligten Parteien zu Beginn an den Gewinn, den sie aus dem Deal ziehen, und am Ende ärgern sie sich über die Gewinne, die der andere dabei erzielt hat.

Das ist sicherlich einer der belastenderen Aspekte unseres Geschäfts, wo wir während der Laufzeit eines jeden ausgehandelten Vertrages Provisionen verdienen. Aber es ist eine Haltung, die entweder offen zutage tritt oder unter der Oberfläche brodelt, die wahrscheinlich in allen Partnerschaften und Joint-ventures existiert. Irgend jemand hat immer das Gefühl, mehr einzubringen als andere.

Sie sind zum Beispiel ein Sportler, und ich schließe einen Vertrag für Sie ab, der Ihnen 500000 Dollar im Jahr dafür einbringt, dass Ihr Name auf Aschenbechern steht. Sie müssen nichts weiter tun, als fünf Tage im Jahr für Konferenzen, Fotografen und öffentliche Auftritte zur Verfügung zu stehen. Das ist solch ein bemerkenswerter Deal, dass Sie ursprünglich bereit sind, mir ein 50prozentiges Honorar, also das Doppelte unserer gewöhnlichen Provision, zu geben. Sie gratulieren mir und sagen: »Wo soll ich unterschreiben?«

Aber als die Vereinbarung ins neunte Jahr geht und ich immer noch 50 Prozent bekomme, verändert sich Ihre Haltung. Das ist die menschliche Natur. (Es wäre das Gleiche, wenn meine Provision nur 5 Prozent betragen würde.) Und ich muss mich auf den Tag vorbereiten, an dem Sie erkennen, dass Ihr Erfolg bedeutet, dass Sie mit mir teilen müssen.

Das Paradox an langfristigen Beziehungen ist, dass Sie, wenn Sie sie aufrechterhalten wollen, viel mehr Zeit dafür aufbringen müssen, sich vor dem Erfolg zu schützen als vor dem Mißerfolg.

Indem man Schutzklauseln in die Vereinbarungen mit einbaut und den Klienten oder Partner gelegentlich daran erinnert, dass das, was man für ihn getan hat, ihm hilft, ist keine Garantie, dass er es nicht doch vergißt.

Wenn Sie eine Unterschrift leisten, um für jemanden zu arbeiten, dann fragen Sie ihn: »Einst habe ich etwas für Sie aufgebaut, wollen Sie es aufgeben?« Wenn er Ihnen verbale Zusicherungen gibt, bitten Sie ihn, es schriftlich festzuhalten.

Leider ist das genau der Vertragspunkt, den Sie häufig nicht durchsetzen können. Und selbst wenn es so ist, so sind Sie zum Zeitpunkt der Erneuerung doch immer verwundbar.

Betrachten Sie zum Beispiel einmal folgendes Szenario: Wir sprechen eine große amerikanische Sportveranstaltung darauf an, uns ihre Übertragungsrechte in einem bis dato ziemlich unberührten Markt wie Großbritannien zu verkaufen. Da sie nichts zu verlieren haben, gewährt uns der Veranstaltungsdirektor glücklich 25 Prozent Provision. Er gibt uns sogar einen Dreijahresvertrag.

Im ersten Jahr, nachdem wir sehr hart dafür gearbeitet haben, die Veranstaltung zu etablieren, erhalten wir von der BBC 100000 Pfund für die Rechte in Großbritannien. Im zweiten Jahr zahlen sie 150000 Pfund. Im dritten Jahr – die Veranstaltung ist inzwischen ein Erfolg – steigt der Preis für die Übertragungsrechte auf 300000 Pfund.

Sie denken vielleicht, jeder wäre glücklich. Aber als das vierte Jahr näherrückt und unser Vertrag ausläuft, beginnt sich das Verhalten der Direktoren zu verändern. Sie freuen sich nicht mehr über die Gewinne, die sie aus dem Abschluß machen – und beginnen, sich über unsere Gewinne zu sorgen.

In ihren Augen sind die potentiellen Gewinne im vierten Jahr ein Glücksfall, mit dem wir nichts zu tun haben. Auf der einen Seite handelt es sich um sehr viel mehr Geld, als sie jemals erwartet hätten, und auf der anderen Seite müssen wir dafür auch gar nicht mehr so schwer arbeiten, um es zu verdienen. Das ist der Moment, wo sie versuchen, uns auf 20 oder gar 15 Prozent zu drücken.

Und jetzt müssen wir entscheiden, ob wir damit leben können oder gehen müssen.

Wenn der Klient allerdings erst einmal damit beginnt, die Vertragsbeziehung kaputtzureden, ist es schwierig, den Zermürbungskrieg zu gewinnen, wenn Sie kein Druckmittel zur Hand haben. Ein kluger Verhandlungsführer baut vor und sichert ab, dass die andere Seite Schmerzen empfinden wird, wenn sie damit beginnt, alles kaputt zu machen.

Vor einigen Jahren arbeitete ein ehemaliger Mitschüler von mir als Exklusivvertreiber für einen Hersteller von Autoteilen in drei Staaten des Mittelwestens: Illinois, Nord-Dakota und Süd-Dakota. Er brauchte nicht lange, um im dicht besiedelten Illinois vor allem im Raum Chicago phänomenale Verkäufe zu erzielen. Aber er hatte auch sehr viel Zeit damit verbracht, in dünn besiedelten Gegenden von Nord- und Süd-Dakota herumzufahren, um dort vielversprechende Kundenbasen aufzubauen.

Das Mutterunternehmen war beeindruckt von seinen Zahlen, sie gratulierten ihm und teilten ihm mit, dass sie ihm Illinois aus der Hand nehmen würden. Es wäre ein großes Territorium, sagten sie, und sie könnten es mit ihren eigenen Mitarbeitern besser bedienen. Sie bräuchten keinen unabhängigen Vertreiber mehr. Dieser Plan hätte meinen Klassenkameraden 70 Prozent seiner Verkäufe und fast seine sämtlichen Profite gekostet. Er stand vor dem Ruin, und es sah nicht so aus, als hätte er irgendeine Trumpfkarte in der Hand.

Seine einzige Strategie war, es darauf ankommen zu lassen. »Wenn Sie Illinois so sehr lieben«, sagte er zu ihnen, »können Sie auch Nord- und Süd-Dakota haben.«

Er rechnete damit, dass das Unternehmen sehr viel investierte, um ein Verkaufsnetz im lukrativen Territorium von Illinois aufzubauen. Das Unternehmen konnte sich eine ähnliche Investition im weniger einträglichen Dakota wahrscheinlich nicht leisten. Er hatte Recht. Innerhalb einer Woche änderte das Unternehmen seine Meinung.

Es ist einfacher, der anderen Seite Ihren Schmerz spüren zu lassen, wenn Sie an anderen Teilen ihres Geschäfts beteiligt sind – das heißt, wenn sie wissen, dass auch Sie ihnen Schmerzen bereiten können.

Das Recht, ja zu sagen, ist wertvoll

Ich habe bei jeder Verhandlung immer viel Wert darauf gelegt, das Recht zu haben, ja zu sagen. Das bedeutet, dass ich das letzte Wort habe. Ich kontrolliere mein eigenes Schicksal. Ich kann die Verhandlung beenden, wann immer ich will. Ich hänge nicht von jeder Laune und jedem Wort meines Gegenübers ab, der das Recht hat, ja zu sagen.

Als Leiter meines eigenen Unternehmens habe ich fast immer das letzte Wort in einer Diskussion. Schließlich leite ich das Unternehmen.

Bei einer Verhandlung, wo ich der Käufer der Produkte oder Dienstleistungen von anderen bin, behalte ich mir ebenfalls das Recht vor, ja zu sagen. Immerhin drängt mich die andere Seite, ihr mein Geld zu geben. Sie kann nichts tun, bis ich zustimme.

Leider bin ich in unserem Business häufiger der Verkäufer. Ich bin derjenige, der die andere Seite drängt, ja zu sagen.

Folglich habe ich mich zum Spezialisten für Eröffnungen bei einer Verhandlung entwickelt, wo ich den Spieß umdrehen und das Recht, ja zu sagen, für mich ergreifen kann. Diese Eröffnungen gibt es nicht allzuoft, aber sie kommen in Situationen vor, wo eine Seite versucht, ihre Wettbewerber auszuschließen. Ich habe das auf die harte Tour erfahren, als andere mir ein »Ja« abrangen.

Vor einigen Jahren vergaben wir an einen britischen Hersteller die Lizenzrechte, um den Namen eines Klienten auf Sportbekleidungen in Großbritannien zu verwenden. Der Verkauf, der über eine formale Auktion zwischen mehreren Unternehmen zustande kam, sicherte eine großzügige Garantie gegen Tantiemen. Unser Erfolg auf dem britischen Markt ermutigte uns dazu, eine ähnliche Auktion in Nordamerika zu veranstalten. Aber wir erhielten nie eine Chance. Ein amerikanischer Unternehmer hatte irgendwoher von unserem britischen Vorschlag gehört und hatte sich in das Projekt verliebt. Er rief mich an und sagte: »Ich will diese Produktreihe verkaufen.«

Ich sagte: »Wir waren dabei, es verschiedenen Unternehmen anzubieten, um deren Interesse herauszufinden.«

»Wieviel soll es kosten?«, fragte er.

»Ich habe keine Ahnung, aber angesichts des größeren Umfangs des US-Marktes hoffen wir auf mindestens das Vierfache der britischen Garantie.«

Ich dachte, das sei ein geschickter Zug. Ich wußte, dass er wußte, dass wir 200000 Pfund in Großbritannien erhalten hatten. Ich hatte den Preis für Amerika auf 1,2 Millionen Dollar (etwa 800000 Pfund) festgelegt. Wenn ihn das nicht zu sehr abschreckte, könnte er an der Auktion sicherlich teilnehmen. Ich war gespannt darauf, wieviel mehr wir erhalten könnten, wenn noch andere Anbieter beteiligt wären.

Aber dann machte er einen noch geschickteren Zug. Er sagte: »Mark, ich will das Ding wirklich. Denken Sie an eine faire Zahl, und wenn ich ja sage, haben wir den Deal.«

Mit diesem einen Satz erfüllte er verschiedene wichtige Verhandlungsziele:

- Indem er versuchte, mich in eine einseitige Verhandlung hineinzuziehen, nahm er mir das Recht, den Deal auch anderen Unternehmen zu unterbreiten. Er schloß seine Wettbewerber aus.
- Indem er mich zwang, das Angebot zu machen, erhöhte er seine Chancen, dass ich das Projekt unter Preis veräußern würde. Er arbeitete jeden Tag im Bekleidungssektor. Ich nicht. Er verfügte über das Insiderwissen darüber, was ein fairer Preis war und was eine Gelegenheit. Wenn ich einen unglaublich hohen Preis nannte, konnte er immer nein sagen.
- Indem er mir das Recht wegnahm, ja zu sagen, hatte er die Verhandlung extrem verkürzt. Es würde nicht Wochen dauern. Es wäre nur der kurze Moment, wo er ja oder nein sagte.

Ich für meinen Teil hatte gute Gründe, diesen Schachzug zu akzeptieren. Ich wußte, dass der Klient 1,2 Millionen als sehr großzügig betrachten würde. Auch war ich mir nicht sicher, ob wir bei einer Auktion dieselbe Summe erhalten würden. Außerdem hatte ich freie Hand, einen Preis zu nennen. Ich habe immer gedacht, dass es besser ist, sagen zu können: »Sie können das für X Dollar haben«, als zu fragen: »Was wollen Sie mir dafür geben?« Ich gab das Recht, ja zu sagen, ab, aber im Austausch erhielt ich das Recht, meinen Preis zu nennen.

Ich schluckte kräftig, setzte 50000 Dollar drauf und sagte: »Der Preis ist 1,25 Millionen Dollar.«

Ich konnte ihn am anderen Ende der Leitung seufzen hören, doch dann sagte er: »Okay, wir haben den Deal.« Aber das Seufzen war pure Schauspielerei, denn er wußte ganz genau, dass er den Deal zuwege gebracht hatte. Wenn man die Konkurrenz ausschließt und die andere Seite dazu bringt, das erste Angebot zu machen, dann darf man überzeugt sein, ein gutes Geschäft gemacht zu haben.

Auktionen: die höchste Form des Verhandelns

Eine Auktion ist eine Verhandlung – auf ihre ausgeklügeltste und extremste Form gebracht. Nicht jeder kann das. Sie müssen nicht nur die ganzen Emotionen und Gegenströmungen herausfinden, die normalerweise gesunde Menschen dazu bringen, im Umfeld einer Auktion zuviel zu bezahlen, sondern Sie müssen auch wissen, wie Sie diese Faktoren zu Ihrem Vorteil nutzen können. Eine Auktion zahlt sich für Sie aus und erfordert die fast völlige Beherrschung aller größeren Elemente guten Verhandelns.

Eine Auktion zwingt Sie dazu, in großem Maßstab zu denken. Viele Dinge können bei einer Auktion schief gehen, aber wenn Sie eine richtige Treibhausatmosphäre schaffen, dann arbeiten Sie fast immer im oberen Preisniveau.

Eine Auktion zwingt Sie, vorbereitet zu sein. Eins-zu-eins-Verhandlungen sind relativ einfach. Sie finden eine interessierte Partei und fangen an, miteinander zu reden. Auktionen zwingen Sie dazu, Marktforschung für Ihr Produkt oder Ihre Dienstleistung zu betreiben, Sie müssen herausfinden, wer interessiert ist, und ihn in den Gebotsprozeß mit einbeziehen.

Auktionen zwingen Sie, die Regeln zu hinterfragen. Per Definition bedeutet eine Auktion, dass Sie nicht eine Ware verkaufen, sondern etwas Wertvolles, Rares oder Einzigartiges. Die Grundregeln ändern sich mit jedem Mal und hängen davon ab, was zum Verkauf steht, wer bietet und warum. Die gute Nachricht dabei ist, dass Sie die Regeln festlegen, und Ihr Erfolg wird nur durch Ihre Kreativität und Ihren Willen begrenzt, die Bieter herauszufordern.

Eine Auktion verlangt Ihre volle Integrität. Die Wettbewerber, die Sie zu dieser Auktion einladen, müssen Vertrauen darin haben, dass Sie den Grundregeln treu bleiben, Ihr Wort halten und niemals eine Partei bevorzugen.

Eine Auktion zwingt Sie, mit Mehrdeutigkeit und Unsicherheit umzugehen. Je mehr Bieter beteiligt sind, desto mehrdeutiger ist das Ganze. Eine Verhandlung eins zu eins ist hart genug, wie das Zähmen eines Löwen im Käfig. Eine Auktion ist der Versuch, eine ganze Löwenherde zu zähmen. Die Zirkusatmosphäre macht viele Menschen unsicher.

Vor allem zwingt eine Auktion Sie dazu, mit den vielen Facetten des Wettbewerbs umzugehen. Viele, die ein Produkt oder eine Dienstleistung verkaufen, sind gut bei einer Eins-zu-eins-Verhandlung mit einem einzigen Käufer. Aber sie sind nicht so gewieft, ihre Position zu maximieren, wenn zwei oder mehr potentielle Käufer bei den Verhandlungen mitmischen. Ich weiß nicht genau warum. Theoretisch sollte es ziemlich einfach sein, eine spannende Atmosphäre zu erzeugen, wenn mehrere Bieter anwesend sind, um den Preis hochzutreiben. Ich weiß, wenn in unserem Geschäft drei oder vier Teams um einen Baseballspieler konkurrieren, wenn mehrere Schlägerhersteller mit einem Superstar im Tennis zusammenarbeiten wollen oder wenn drei große Fernsehstationen um die Übertragungsrechte für ein großes Sportereignis konkurrieren, dann erhalten wir normalerweise mehr als den Marktpreis.

Aber selbst in dieser fast idealen Verhandlungssituation finden einige Menschen einen Weg, um weniger aus mehr zu machen. Ziemlich häufig teilen sie der ursprünglichen Partei zu ungeschickt oder zurückhaltend mit, dass noch weitere Interessenten vorhanden sind.

Vor einigen Jahren bat uns ein aufstrebender Golfspieler, ihn zu vertreten. Über mehrere Wochen wendeten wir viele Arbeitsstunden dafür auf, mit ihm über eine Managementbeziehung zu sprechen. Wir erklärten unsere Honorarstruktur und wie wir unsere Provisionen verdienten. Wir überprüften seine Verträge und seine Finanzen, trafen uns mit seiner Familie, analysierten seinen Turnierzeitplan und schlugen ein paar lukrative Alternativen vor. Wir lancierten seinen Namen sogar bei einigen Sponsoren, um zu sehen, wie groß das Interesse an ihm war. Nach einigen Wochen erzählte er zufällig, dass er auch mit zweien unserer Wettbewerber gesprochen hatte, die – welche Überraschung – gewillt waren, ihre Provisionen zu reduzieren. Würden wir das auch tun?

Ich kann Ihnen gar nicht sagen, wie geschmacklos wir das fanden – oder wie schnell wir das Interesse an ihm verloren.

Es ging nicht darum, dass er mit der Konkurrenz redete. Das

konnten wir verstehen. Wenn ein aufstrebender Golfspieler von unserer Organisation vertreten sein möchte, würde ich ihm sagen, dass der beste Weg unsere Aufmerksamkeit zu erregen (wenn wir nicht bereits interessiert wären), darin besteht, anzudeuten, dass unsere Wettbewerber ernsthaft erwogen haben, ihn unterschreiben zu lassen – weil unsere Mitarbeiter häufig vor nichts zurückschrekken werden, um der Konkurrenz einen Strich durch die Rechnung zu machen. (Das beruht auf dem Grundsatz, dass ein Objekt um so wünschenswerter und deshalb wertvoller ist, wenn auch ein anderer es haben will.)

Aber dieser Mann war ungeschickt, indem er diesen Punkt enthüllte. Er hatte uns glauben gemacht, dass wir eins zu eins verhandelten, und tatsächlich wollte er uns in einen Angebotskrieg mit hineinziehen. Der einzige Haken dabei war, dass er uns nie eine Einladung geschickt hat. Er hatte unser Interesse dazu verwendet, bei den Wettbewerbern Konzessionen zu erzielen, um dann zu uns zurückzukommen und zu sehen, ob wir mithalten. Wenn er uns von Anfang an erklärt hätte, dass auch andere Parteien interessiert seien, hätten wir seine Energie vielleicht bewundert. Diese Information uns aber bis zum letzten Moment vorzuenthalten, zeugte von einer Heimtücke und Charakterschwäche, mit der wir nichts zu tun haben wollten. Wir waren froh, dass die Konkurrenz ihn bekam.

Diese Episode erinnert mich daran, wieviel schlechter Wille durch die ungeschickte Einführung von Wettbewerbern bei einem Angebotskrieg erzeugt werden kann.

In unserem Gewerbe, vor allem in Zeiten, wo es um die Erneuerung von Verträgen geht, erfordert das Einbringen von Konkurrenz sehr viel Fingerspitzengefühl – denn Vertragserneuerungen bedeuten, dass die andere Seite ein Positionsinhaber ist, und Positionsinhaber haben einzigartige Verhandlungsrechte.

Nehmen wir einen unserer Sportler, der mit einer Firma X (dem Positionsinhaber) einen Dreijahresvertrag hat, der zur Erneuerung ansteht. Als Agenten ist es unser Job, den besten Abschluß für unseren Sportler auszuhandeln. Wir können das tun, indem wir andere Firmen wissen lassen, dass der Sportler verfügbar ist, und ihn dem Höchstbietenden anbieten. Aber diese Auktionsstrategie ist nicht immer möglich oder ratsam.

Zum einen hat der Positionsinhaber Rechte. Normalerweise gibt es eine exklusive Verhandlungsperiode oder das Recht zur ersten Ablehnung im Vertrag, die uns dazu zwingt, erst mit der Firma X zu sprechen oder X die Möglichkeit zu geben, mit jedem Angebot, das wir erhalten, mitgehen zu können. Das schränkt unsere Offenheit im Gespräch mit anderen Parteien ein.

Der Positionsinhaber kennt auch den wirklichen Wert der Beziehung zu unserem Klienten – indem er sich einfach seine Gewinn- und-Verlust-Berichte anschaut. Er kennt ebenfalls den Wert der nichtfinanziellen Elemente des Vertrages. Er und seine Kunden sind vielleicht einfach gerne mit dem Sportler befreundet oder haben Zugang zu Karten, die sonst nicht zu bekommen sind. Wenn der ursprüngliche Abschluß Geld gebracht hat oder auch persönlich befriedigend war, dann könnte es in unserem Interesse sein, einzig mit dem Positionsinhaber zu verhandeln. Ziemlich häufig bezahlt der Positionsinhaber eine saftige Prämie einfach dafür, dass andere Anbieter aus dem Wettbewerb herausgehalten werden.

So oder so haben wir als Verhandlungsführer gelernt, niemals die Wichtigkeit der Exklusivität für die andere Seite zu unterschätzen.

Zweit- oder Drittparteien (Nichtpositionsinhaber) in die Verhandlung mit einzubringen ist gar nicht so einfach, wie es aussieht. Im Sport, wo wir häufig mit einer Handvoll vertrauter Hersteller von Golfausrüstungen oder Tenniskleidung oder Sportschuhherstellern oder Fernsehstationen verhandeln, gibt es immer die Vermutung, dass die Nichtpositionsinhaber dazu verwendet werden, den Preis für den Positionsinhaber hochzutreiben. Im Laufe der Jahre habe ich festgestellt, dass die Nichtpositionsinhaber es nicht mögen, die Rolle des Strohmannes zu spielen. Nicht weil sie ihre Wettbewerbskosten nicht hochtreiben wollten. Der wirkliche Grund ist eher grundsätzlicher Art: Sie wollen nicht verlieren. Sie sind wettbewerbsorientiert. Wenn Sie erst in den Verhandlungsprozess verwickelt sind, wollen sie ihren Hut nicht in den Ring geworfen haben, um dann mit leeren Händen nach Hause zu gehen.

In einer emotional neutralen Welt wäre das egal. Aber die Bieter in einer Auktion sind Menschen aus Fleisch und Blut. Sie haben persönliche Gefühle, professionelle Ziele, Bosse, denen sie gefallen müssen, öffentliche Profile, die sie schützen müssen, und ein Image, das ständig gepflegt werden muss. Sie bilden auch unsere Kundenbasis. Wir werden immer wieder mit ihnen zu verhandeln haben. Sie ärgern sich, wenn sie in einen Auktionsprozess gelockt werden, nur um die Rolle des Bauern in einem Schachspiel zu übernehmen.

Es hat Gelegenheiten gegeben, wo außenstehende Parteien buchstäblich darum gebettelt haben, sie in die Verhandlung mit hineinzulassen, mit dem ausdrücklichen Zweck, dem Positionsinhaber Unannehmlichkeiten zu bereiten. Aber wenn sie all die Gewinne des Vermögenswertes sehen, den wir verkaufen, werden sie mit ihrem Angebot plötzlich ernsthaft. Sie wollen wirklich gewinnen. Wir müssen sehr vorsichtig sein, wenn unser Strohmann plötzlich zu einer ernsthaften Konkurrenz wird. Auf der anderen Seite ist es gut für uns, denn es erhöht die Gewinne. Aber es ist auch sehr knifflig, denn nur eine Partei wird glücklich nach Hause gehen. Alle anderen werden enttäuscht sein. Und wir brauchen keine Verlierer, die uns angreifen, weil sie enttäuscht sind. (Das ist eine ernsthafte Sorge von uns, so dass wir mitunter erwogen haben, größere Vertragspunkte in einer Verhandlung zu ändern – zum Beispiel den Vertragsbereich von Großbritannien auf die ganze Welt auszuweiten, oder die Laufzeit von vier auf fünf Jahre zu erhöhen –, um den unterlegenen Parteien damit einen Anlaß zu geben, nach Hause zu gehen und das Gesicht dabei zu wahren.)

Der Aufbau einer Auktion nach neuestem Stand

Auktionen erfordern eine Vielzahl von Qualitäten, die ein Anfänger in diesem Gewerbe (und in Wirklichkeit auch viele erfahrene Verhandlungsführer) nicht hat. Allerdings benötigt man bei den meisten Verhandlungen solche Qualitäten nicht. Die meisten Verhandlungen sind einseitige Angelegenheiten mit einem Käufer und einem Verkäufer. Ich habe ein Auto. Sie wollen es kaufen. Wenn wir zu keiner Einigung kommen, finde ich einen anderen, der bereit ist, das Auto zu meinen Bedingungen zu kaufen. Sie werden jemand anderen finden, der dasselbe Auto verkauft. Das ist die Verhandlungsebene, mit der die meisten von uns vertraut sind.

Auktionen sind anders. Zuerst einmal braucht man mehrere Bieter, die nach dem Produkt oder dem Service verlangen. Zweitens muss Ihr Produkt oder Ihr Service rar sein, außergewöhnlich, extrem limitiert (oder schnell verschwinden) oder alles zusammen, um zahlreiche Bieter anzuziehen. Drittens müssen Sie diese beiden Faktoren verbinden. Rarität erzeugt Wert. Rarität zusammen mit Wert schafft Begierde beim Bieter.

Das Steuern dieses scheinbaren Teufelskreises von Angebot und Nachfrage macht eine Auktion zur höchsten Form der Verhandlung.

In einem Sinne kann man argumentieren, dass jeder gute Verhandlungsführer ständig versucht, die günstigen Umstände einer Auktion in Situationen, wo sie nicht schon vorhanden sind, künstlich herzustellen.

Wenn der Verkäufer meint, dass die Bestandsaufnahme dürftig ist (ob es nun stimmt oder nicht), dann versucht er, sein Produkt mit der Aura der Rarität zu erfüllen.

Wenn der Verkäufer andeutet, dass andere Parteien kürzlich in seinem Büro gewesen sind oder seine Fabrik besucht haben (ob es nun wahr ist oder nicht), dann versucht er, die Verhandlung mit dem Geist zahlreicher Bieter zu umgeben.

Ebenso, wenn der Verkäufer bekannt gibt, dass andere Parteien in der Vergangenheit bezahlt haben, oder andeutet, dass das Produkt nicht weiterproduziert, oder dass die Preise in naher Zukunft steigen werden, oder mit dem alten Spruch kommt: »Wir haben nur noch eines übrig, wir wissen nicht, wann die nächste Lieferung kommt.« All diese Taktiken sollen Rarität oder Wettbewerb vortäuschen, wo es sie nicht gibt, um so etwas wie Auktionsfieber zu entfachen.

Auch Käufer steigen darauf ein, wann immer sie Mehrfachgebote von professionellen Dienstleistungslieferanten erbitten (z. B. Buchprüfer, Baufirmen, Gebäudereiniger, Botendienste usw.) Im wesentlichen entwerfen sie eine Art umgekehrter Auktion. Wenn unser Filialleiter in London um Unternehmen nachsucht, die Angebote zur Instandhaltung unserer Büros einreichen sollen, vergrößert der dadurch geschaffene Wettbewerb sofort unseren Wert als Kunden. Es erinnert die Bieter daran, dass, obwohl es Tausende von Unternehmen in London gibt, legitime Kunden wie wir für ihren speziellen Dienst schwer zu finden sind – und sie werden einen Kunden weniger haben, wenn sie uns einem Konkurrenten überlassen. Selbst in der profanen Welt der Büroinstandhaltung verleiht uns diese umgekehrte Auktion Rarität und folglich Wert. Wenn unser Mitarbeiter den Gebotsvorgang richtig leitet, werden die Bieter nicht nur den Preis für unseren Vertrag senken, sondern werden uns auch erzählen, was im Vertrag stehen sollte und was nicht. Ein Verkäufer, der um einen Kunden kämpft, wird einem nicht nur erzählen, was gut an ihm ist, sondern auch was schlecht an den anderen ist. Wenn wir also alle ihre Argumente zusammenlegen, dann finden wir heraus, dass sie uns buchstäblich lehren, wie man am besten mit ihnen verhandelt.

Auktionen sind eine Standardprozedur für Menschen, die seltene Dinge verkaufen, ob es sich dabei um echte Kunst, um Antikes, Vollblutpferde oder intellektuelles Eigentum wie einen Roman oder ein Filmdrehbuch handelt. Auktionen sind ein wertvolles Verhandlungswerkzeug in Teilen unseres Geschäfts, vor allem im Bereich der Übertragungsrechte. Schließlich gibt es nur ein Ereignis wie Wimbledon oder die Olympischen Spiele. Die Verhandlungen für den Verkauf der Übertragungsrechte für diese einzigartigen Vermögenswerte verlangen einen Auktionsprozess.

Ich weiß, dass nur wenige im Bereich des Weltklassesports verhandeln, aber die Methoden, die wir anwenden, und die Lektionen, die wir in diesem Bereich lernen, können jedem helfen, einen Gebotsvorgang aufzubauen, der die Spannung und das Wettbewerbsfieber anheizt. Wenn Sie die drei folgenden Lektionen aus einer Position der Stärke heraus anwenden, werden Sie immer den besten Preis für Ihr Produkt oder Ihren Service erhalten:

1. Sprechen Sie genau aus, was zum Verkauf steht

Je mehr Aspekte der Auktion Sie kontrollieren, desto größere Druckmittel haben Sie gegenüber den Bietern.

Wenn wir die Übertragungsrechte für ein größeres Sportereignis unter drei oder mehr konkurrierenden Fernsehsendern versteigern, dann haben wir gerne von Beginn an die totale Kontrolle über den Prozess. Wir können das mit einer simplen Geste bewerkstelligen: Wir entwerfen einen umfassenden Vertrag, der alles enthält, worauf die Sender bieten können, von Kamerapositionen über die Zahl der Hotelzimmer für das Fernsehteam und das Besitzrecht der Videoaufnahmen bis zu der Frage, inwieweit das Veranstaltungslogo für Werbezwecke verwendet werden kann. Jeder Punkt ist in diesem Dokument enthalten, nur nicht der Preis. Wir unterbreiten den Vertrag dann allen Sendern und bitten sie, die Dokumente zu unterschreiben, wobei sie die finanzielle Seite offen lassen, um damit ihr Einverständnis mit allen nichtfinanziellen Bestimmungen anzuzeigen. Sie müssen unterzeichnen, um für die Veranstaltung überhaupt mitbieten zu können.

Dieser Schachzug zieht einen Vorteil aus einem Paradox, das zu viele Verhandlungsführer übersehen:

- Wenn Sie einem spezifischen Preis zustimmen, gewinnt die andere Seite bei allen anderen Vertragspunkten.
- Wenn die andere Seite allen nichtfinanziellen Punkten zustimmt, gewinnen Sie beim Preis.

In diesem Fall verlieren die Sender dadurch, dass sie schriftlich allen unseren Bestimmungen zustimmen, ihre Fähigkeit, über das Feilschen um Bedingungen die Kosten des Deals zu verringern. Wir wollen nicht, dass die Sender, wenn das Bieten ein unangenehm hohes Niveau erreicht, plötzlich die Bremse ziehen und sagen: »Warten Sie eine Minute. Wenn Sie diese drei Bestimmungen herausnehmen, können wir uns das leisten.« Wir versteigern ein Gesamtpaket, das man nehmen kann oder auch nicht, aber keine Spar- gegenüber einer Luxusversion.

Hierbei befinden wir uns in einer großartigen Position, in die uns die Sender in dem Moment hineinhieven, da sie den Vertrag unterschreiben.

2. Sorgen Sie für ein bißchen Theater

Ich habe bereits über den Mythos des Verhandlungstisches gesprochen und die Wichtigkeit, die Verhandlungen in einem angenehmen, quasi gesellschaftlichen Rahmen abzuhalten. Das ist noch wichtiger bei einer Auktion, die per se eine dramatische Situation ist. Die Kontrolle über den Ort und das Ambiente kann die Dramatik und die Gebote erhöhen.

Wann immer es möglich ist, locken wir die Bieter an neutrale, aber attraktive Örtlichkeiten. Bei bedeutenden Verhandlungen haben wir herausgefunden, ist es klug, die Bieter aus ihren Büros herauszubekommen, weg von ihren Telefonen, den Kritikern und den Bossen, die sie ablenken können oder die sie dazu bringen, ihre Leidenschaft für unseren Vermögenswert zu verlieren. Wenn Sie Menschen zwingen, eine lange Reise zu machen, dann ist die Fahrt selbst eine wichtige Investition, die ihr Engagement stärkt. Wenn Sie sie an einen entspannenden und schönen Ort bringen, ist das fast wie Urlaub. Und wie wir alle wissen, haben die Menschen gerne mehr Urlaub.

3. Halten Sie die Uhr am Laufen

Ein Spitzenauktionator, der Meisterwerke aus dem Impressionismus bei Sotheby's verkauft, weiß ganz genau, wie er die Geschwindigkeit und den Rhythmus im Raum kontrollieren muss, um das Bieten hochzutreiben. Wenn er mit den interessierten Parteien im Gleichklang ist, kann er seine Geschwindigkeit erhöhen, so dass auch erfahrene Bieter in die Raserei mit hineingezogen werden und höher bieten, als sie eigentlich wollten. Die Schnelligkeit erweckt in ihnen die Sorge, beim Bieten nicht mehr mitzukommen.

Die Leitung einer Auktion – das Drücken der richtigen Knöpfe und der Wille, den Kurs zu wechseln, während die Auktion in Gang kommt – ist die höchste Kunst des Auktionatordaseins, die vielen Menschen entgeht.

Wieder liegt der Vorteil ganz beim Auktionator, denn er bestimmt die Grundregeln.

Erfahrungsgemäß verlaufen Auktionen für Sportveranstaltungen besser, wenn sie schnell gehen. Wir wollen dabei keine Ruhe oder, schlimmer noch, dumpfe Lethargie aufkommen lassen. Wir wollen den bietenden Parteien nicht zu viel Zeit lassen, um zwischen den Geboten nachdenken zu können. Wir wollen ihnen in jedem Moment das Gefühl vermitteln, dass ihnen der Vermögenswert als Ganzes entgehen könnte.

So halten wir die Grundregeln einfach, achten dabei aber genau auf die Uhr. Bei einer Auktion vor einigen Jahren versammelten wir die Vertreter von drei amerikanischen Sendern an einem Urlaubsort in Schottland, um für eine große Veranstaltung zu bieten. Jeder Sender hatte unseren Bedingungen für die Auktion zugestimmt und einen Vertrag unterschrieben. Nur der Preis stand noch nicht fest.

Wir veranstalteten am Abend vor der Auktion eine Dinnerparty für die Wettbewerber, um die angenehme Atmosphäre zu erhalten. Am nächsten Morgen, nach einem herzhaften schottischen Frühstück, begann die Auktion damit, dass jede Station ein blindes Gebot in versiegelten Umschlägen unterbreitete. Zu den Grundregeln gehörte auch, dass wir nach den Eröffnungsgeboten innerhalb von 15 Minuten mit den Zahlen zu den Sendern zurückkommen. Solange die weniger Bietenden innerhalb eines Rahmens von 10 Prozent im Vergleich zum Spitzengebot waren, waren sie auch noch im Rennen. Die Sender hatten dann 30 Minuten Zeit, um ein zweites Gebot zu unterbreiten. Neun Runden lang erhöhten die Fernsehsender ihre Gebote um jeweils 5 bis 10 Prozent und hofften, innerhalb der 10-Prozent-Marge zu sein.

Für Außenstehende muss dieser ganze Vorgang ziemlich langweilig gewirkt haben, als ob man darauf wartet, dass ein Bild trocknet. Doch ich bezweifle, dass sich die Verhandlungsführer der Sender gelangweilt haben. Wenn Millionen von Dollar auf dem Spiel stehen – und die Uhr tickt über ihnen, während sie Gebote abwägen, die die Konkurrenz ausschalten, aber nicht das eigene Konto sprengen sollen –, dann geht die Zeit wohl sehr schnell vorbei.

Wir wußten, dass jede neue Runde mehr Geld für unseren Klienten bedeutete. Das ist aufregend. Am Ende, nach neun Runden, hatte der siegreiche Sender sein Eröffnungsangebot mehr als verdoppelt und unsere interne Schätzung um 50 Prozent übertroffen.

Ein solches Ergebnis ist fast vorhersehbar, wenn Sie den Vertrag betrachten, den die Sender unterschreiben mussten, das verführerische Ambiente, in das wir sie brachten, und den Gebotsrhythmus, den wir einrichteten. Ehrlich gesagt hatten die Fernsehsender nie wirklich eine Chance.

Kapitel 6

Wie hoch ist Ihr Verhandlungs-IQ?

Jetzt wollen wir einmal sehen, was Sie gelernt haben. Die folgenden hypothetischen Fälle decken einige der dornenreichen Verhandlungsprobleme ab.

Ein Verzweiflungsdeal oder gar keiner

F: Menschen, die verzweifelt darauf aus sind, einen Deal zu landen, haben die Neigung, mehr abzugeben, als sie sollten. Ihre Verzweiflung zwingt sie zu schlechten oder mittelmäßigen Deals. (Siehe Kapitel 1) Aber nicht jeder kann sich den Luxus leisten, von einem mittelmäßigen Deal einfach wegzugehen – selbst wenn er weiß, dass er mittelmäßig ist. Wenn es keine anderen Optionen gibt, welchen würden Sie dann wählen: einen Verzweiflungsdeal oder gar keinen?

A: Mein erster Impuls ist, den Verzweiflungsdeal zu machen, aber nicht aus dem augenfälligen Grund heraus, dass er vielleicht funktioniert, sondern weil es eine wertvolle Lernerfahrung ist. Aber ich würde das kein zweites Mal empfehlen. Man muss nur einmal in einem schlechten Deal drinstecken, um beim nächsten Mal zu wissen, wann man gehen muss, wenn die Zeichen schlecht stehen.

Nur ein Beispiel, das jedem einigermaßen geläufig sein dürfte:

Denken Sie nur einmal an das letzte Mal, als Sie jemanden einstellten, weil Sie unbedingt die Position besetzen wollten und nicht darauf warten konnten, dass der geeignete Kandidat kommt. Wieviel Geld, Zeit und Ärger hat Sie dieser Verzweiflungsdeal gekostet?

Die richtige Antwort heißt: keinen Deal. Egal wie verzweifelt die Dinge aussehen mögen, wenn der Kunde vor Ihnen damit droht, zu verschwinden, wenn Sie seine Bedingungen nicht erfüllen, dann lautet die kluge Antwort: lassen Sie ihn ziehen. Es wird immer wieder einen anderen Kunden geben. Wenn Sie nicht nachgeben, haben Sie auch die gute Chance, einen unvernünftigen Interessenten auf Ihre Seite zu bekommen. Wenn Sie nachgeben, werden Sie nie erfahren, ob es nicht besser hätte laufen können.

Der falsche Wechsel

F: Sie haben kürzlich den Arbeitsplatz gewechselt, nur um dann zu erfahren, dass die perfekte Stelle in Wirklichkeit ein Flop ist. Ihr neuer Arbeitgeber hatte den Job völlig falsch dargestellt und gar nicht gesagt, wieviel Plackerei und wie wenig Verantwortung und Karrieremöglichkeiten Sie haben würden. Was tun Sie als nächstes?

A: Möglicherweise betrachten einige Arbeitgeber dies als ausgleichende Gerechtigkeit für all die Bewerber, die ihren Werdegang völlig falsch darstellen. Aber Ihnen gegenüber ist das nicht fair.

Es dürfte genauso wenig tröstend sein, dass Sie nicht der erste sind, der auf diesen Trick hereingefallen ist. Das passiert auf allen Ebenen. Ich kenne CEOs, die ihre Stelle gewechselt haben, nur um herauszufinden, dass ihre neue Firma in weit schlechterer Verfassung war, als es ihnen gesagt worden war, oder dass der Chairman des Aufsichtsrats sich noch gar nicht so zurückgezogen hatte, wie man ihnen versichert hatte.

Sie sind in einer Situation, in der Sie nicht gewinnen können. Suchen Sie sich einen anderen Job. Und tun Sie beim nächsten Mal wenn möglich drei Dinge: (1) Handeln Sie Ihren Verantwortungsbereich aus, bevor Sie an Bord gehen; (2) machen Sie jede Vereinbarung mit Ihrem Boss schriftlich (das muss kein Anstellungsvertrag sein, ist aber genauso gut); und (3) finden Sie heraus, was mit Ihrem Vorgänger passiert ist.

Keine kostenlose Milch mehr

F: Seit vielen Jahren haben Sie mit dem Segen Ihrer Firma Vorträge über wirtschaftliche Trends vor Fachleuten gehalten. Sie haben dafür niemals ein Honorar erhalten. Jetzt arbeiten Sie selbstständig. Sie möchten nun für Ihre Zeit bezahlt werden. Verschiedene Gruppen, die Sie jedes Jahr wieder eingeladen haben, schrecken vor einem Honorar zurück. »Warum soll man für die Kuh bezahlen, wenn man die Milch umsonst haben kann?«, ist ihre Haltung. Wie überzeugen Sie sie, dass Sie das Geld wert sind?

A: Gehen Sie von der Vermutung aus, dass die wiederholten Einladungen bedeuten, dass man mag, was Sie zu sagen haben. Bleiben Sie Ihrem Tarif treu. Ihre veränderten Umstände (die Tatsache, dass Sie selbständig arbeiten) sind der beste Grund, eine Preisänderung einzuführen.

Der leichteste Weg, die Widerstände gegen den Preis zu überwinden, ist jedoch, eine Geld-zurück-Garantie anzubieten. Wenn Ihr Gastgeber das Gefühl hat, dass Sie das Honorar nicht wert sind, dann sagen Sie ihm, dass Sie es zurückgeben werden.

Das ist ein kluger Schachzug, wenn es zu persönlichen Dienstleistungen kommt. Wenn Sie sich sicher sind, die Zuhörerschaft in Ihren Bann zu ziehen, dann kostet Sie das nichts. Sie müssen bei den Zuhörern schon sehr durchfallen, wenn diese ihr Geld tatsächlich zurückhaben wollen. Außerdem wird das Risiko Ihres Gastgebers auf Null reduziert, wenn er das Gefühl hat, den Gegenwert für sein Geld nicht zu bekommen. Wichtiger jedoch ist, dass der Gastgeber dadurch, dass er Sie bezahlt, stillschweigend anerkennt, dass Sie gut waren. Das mag der perfekte Moment für Sie sein, derselben Gruppe für das nächste Jahr wieder ein Angebot zu machen, am besten zu Ihrem augenblicklichen Tarif, bevor Sie ihn erhöhen. Wer weiß? In einigen Jahren glauben sie vielleicht, Ihr Honorar ist eine günstige Gelegenheit.

Wettbewerb hilft

F: Ihr Boss hat Ihnen kürzlich den Deal des Jahres zunichte gemacht, weil er dachte, Sie verkaufen zu billig. Der Käufer wollte beim Preis nicht nachgeben und ging schließlich zu einem Ihrer Konkurrenten, der aus Ihrem Deal einen riesigen Erfolg machte. Wie überzeugen Sie Ihren Boss, Ihnen das nächste Mal zu trauen?

A: Es gibt alle möglichen Gründe, um einen Verkauf zu einem Preis zu tätigen, der wie ein Verlust aussieht:

Sie wollen bei einem neuen Kunden einen Fuß in die Tür setzen.

Sie benötigen das Bruttovolumen, damit Ihre Operationen weiter auf voller Kapazität laufen.

Sie wollen in einen neuen Bereich einsteigen, und der niedrige Preis ist das Eintrittshonorar.

Ihre Leute können neue Fähigkeiten erwerben, indem sie Kontakt zum neuen Kunden aufnehmen.

Sie wollen den wertvollen Namen des Kunden auf Ihrer Kundenliste.

Aber Sie hatten den wichtigsten aller Gründe: Sie wollten die Konkurrenz aus dem Geschäft haben. Dieses Argument hätten Sie die ganze Zeit über verwenden sollen.

Sie können Ihren Boss dafür kritisieren, dass er diesen Punkt einmal übersehen hat, aber kritisieren Sie sich selbst, wenn er es wieder tut.

Rückerstattung bitte

F: Ein Projekt, das Sie für einen großen Kunden ausgehandelt haben, ging schlecht aus – nicht durch irgendetwas, was Sie getan haben, sondern aufgrund eines Irrtums, den einer der regelmäßigen Lieferanten des Kunden gemacht hat! Doch der Kunde macht Sie verantwortlich. Der Irrtum des Lieferanten macht das Projekt um 35 000 Dollar teurer als vorgesehen, und der Kunde erwartet, dass Sie bezahlen. Behaupten Sie sich oder geben Sie nach, um diesen großen Kunden bei Laune zu halten?

A: Nehmen Sie als erstes an, dass es hier nicht ums Geld geht. Das wirkliche Problem ist Ihre Kompetenz und Ihr Professionalismus. Ein Scheck über 35 000 Dollar mag einen großen Kunden, von dem Sie glauben, dass Sie ihn nicht irritieren dürfen, für den Moment beruhigen.

Aber wie sieht es mit der langfristigen Auswirkung für Ihren Ruf aus? Egal wie Sie es begründen, dieser Scheck ist immer das Eingeständnis der Schuld, der Inkompetenz, der Beweis, dass sie irgendwo auf der Strecke den Ball haben fallen lassen. Bevor ich jemanden für einen Fehler entschädige, den ich nicht begangen habe, würde ich mir sehr viel Mühe machen, um genau herauszufinden, wer ihn gemacht hat.

Wenn Sie dann Ihren Namen beim Kunden reingewaschen haben, ist die Sache damit noch nicht beendet. Der Kunde verlangt noch immer »Genugtuung«. Die ideale Lösung wäre, den wirklichen Schuldigen – den inkompetenten Lieferanten – zahlen zu lassen.

Aber es ist keine schlechte Idee, den Kunden gänzlich zufrieden zu stellen.

Es gibt keine Möglichkeit, um vorherzusagen, ob ein vernünftiger Kunde, der weiß, dass es nicht Ihr Fehler war, Ihr Angebot akzeptiert oder ablehnt. Aber ich garantiere Ihnen, der Kunde wird davon beeindruckt sein. Die Geste ist ähnlich der eines Restaurantbesitzers, der den Scheck zerreißt, wenn Sie sich darüber beklagen, dass das Essen oder der Service enttäuschend waren. Die zerrissene Rechnung wird Ihr Essen für den heutigen Tag nicht retten, aber es scheint die Beziehung zwischen Ihnen und dem Restaurant zu festigen – und stellt sicher, dass sie an einem anderen Tag wiederkommen.

Ein Agent für Sie

F: Sie sind dabei, die Jobs zu wechseln. Soll jemand Sie bei den Verhandlungen wegen der Anstellungsbedingungen vertreten? Oder verfahren Sie besser, wenn Sie selbst verhandeln?

A: Das hängt von der Komplexität des Jobs ab und dem Geldbetrag, der dabei eine Rolle spielt. Bei den meisten Führungskräften ist es ziemlich üblich.

Aber selbst auf der mittleren Ebene ist es manchmal keine schlechte Idee, wenn eine dritte Partei dabei ist. Menschen werden durch das neue Jobangebot häufig von Euphorie gepackt. Eine dritte Partei fügt der Gleichung zwei Merkmale hinzu:

- Sie kann Betrachtungen ins Feld führen, die die neue Chance auf den Boden der Tatsachen zurückbringen;
- Sie hat es einfacher, die Bedingungen Ihres Abgangs auszuhandeln, falls die Dinge schief laufen sollten (was heutzutage auf höchster Firmenebene als sehr wichtig erscheint).

Ich muss hinzufügen, dass ich als Arbeitgeber die Anwesenheit eines Agenten übel nehmen würde. Ich würde immer denken, dass, egal wie fair ich war, der Agent versucht, den Deal zu verbessern, einfach um sein eigenes Honorar zu rechtfertigen.

Wenn Sie vermeiden wollen, dass Ihr neuer Arbeitgeber gegen Sie eingenommen ist, lassen Sie Ihren Agenten hinter den Kulissen. Keiner muss wissen, dass Sie beraten werden – und Sie werden sicherlich besser damit fahren.

Standhalten

F: Sie stecken mittendrin in einer langen und spannungsgeladenen Verhandlung, als plötzlich Ihr Gegenüber seine Ruhe verliert und äußerst unangenehm wird. Er greift Sie wegen des Abschlusses einer Vereinbarung an, die in seinen Augen einige »Fallstricke« enthält. Sie können entsprechend reagieren, aber das könnte die

Beziehung zerstören. Wie können sie standhalten, um dann an einem anderen Tag weiterzuverhandeln?

A: Mein erster Impuls wäre es, jemand anderen für die Irrtümer beim Entwurf zu kritisieren. Wenn die andere Seite sich über die Bedingungen des Vertragsentwurfs ärgert, dann schieben Sie es auf die Anwälte. Sagen Sie: »Ich war nicht in der Stadt und die Anwälte haben es verpfuscht. Sie wissen, wie die sind. Ich bin ganz Ihrer Meinung.« Das mag einen ärgerlichen Gegner beschwichtigen.

Mein zweiter Impuls wäre jedoch, mich selbst zu fragen: »Ist dieser Mensch außer Kontrolle geraten, oder verwendet er seinen Ärger als taktisches Mittel, um mich außer Kontrolle geraten zu lassen?«

Ich kenne einen wohlhabenden Sportunternehmer, der ein ganzes Arsenal an Verhandlungstaktiken besitzt. Je nach Motiv kann er Sie fertigmachen, länger aushalten als Sie, Sie ignorieren oder völlig durcheinander bringen.

Aber seine Lieblingstaktik ist, Sie niederzuschreien. Er ist bekannt dafür, wie ein wilder Orkan in die Büroräume zu stürzen, wenn die Transaktionen nicht nach seinen Wünschen verlaufen – weil er weiß, dass die meisten durch sein Verhalten eingeschüchtert werden und folglich nachgeben.

Die richtige Antwort auf eine solche Wut ist natürlich, ruhig zu bleiben und die eigene Position zu halten. Als allgemeine Regel gilt: Je lauter der andere, desto ruhiger sollten Sie sein.

Erster Entwurf

F: Sie haben gerade einem Deal zugestimmt. Wer schreibt den ersten Entwurf des Vertrages?

A: Wenn Sie die Wahl haben, sollten Sie den ersten Entwurf schreiben. Auf diese Weise arbeitet die andere Seite mit Ihren Worten, und nicht umgekehrt.

Natürlich haben Sie nicht immer die Wahl. Wenn Sie mit Verwaltungsbehörden Geschäfte machen, dann können Sie sicher sein, dass Sie deren Vorlagen verwenden. Ebenso bei großen Konzernen. Anwälte bei den Fernsehsendern zum Beispiel haben ziemlich rigide Vorstellungen davon, was in einen Vertrag gehört, und bestehen immer darauf, es in den Entwurf hineinzuschreiben.

Es kann vorkommen, dass es Ihnen tatsächlich lieber ist, wenn die andere Seite den ersten Entwurf schreibt, vor allem wenn die mehr Erfahrung oder Wissen über den Sachverhalt haben als Sie. Das spart nicht nur Zeit, sondern kann für Sie auch eine Lernerfahrung sein. Das kann Sachverhalte und Klauseln an die Oberfläche bringen, die Sie nie in Betracht gezogen haben – und die Sie in zukünftige Verträge mit einbauen können.

Zurück zum Anfang

F: Seit Jahren kauft Ihr Unternehmen seine Materialien beim selben Lieferanten. Als Sie mit ihm begannen, hatte der Lieferant die günstigsten Preise und einen sehr guten Service. Sein Service ist immer noch sehr gut, aber mit der Zeit sind seine Preise so weit angestiegen, dass sie nun nicht mehr so wettbewerbsfähig sind. Sie würden diesen Lieferanten gerne behalten. Wie können Sie ihn auf dem Verhandlungsweg wieder zu den guten alten Zeiten zurückbringen, als er die günstigsten Preise in der Stadt hatte?

A: Die gute Nachricht ist, dass Sie schon auf dem richtigen Wege sind, weil Sie festgestellt haben, dass die Preise des Lieferanten keine günstige Gelegenheit mehr sind. Es ist erstaunlich, wie viele Unternehmen das übersehen. Eine bestimmte Trägheit überfällt manche Kunden, wenn sie mit dem Verkäufer glücklich sind. Wenn sie einmal den günstigsten Lieferanten gefunden haben, glauben sie, sich um diesen Bereich des Einkaufs nie mehr kümmern zu müssen. Sie bemerken gar nicht, dass die jährlichen 5- oder 10prozentigen Preiserhöhungen innerhalb der letzten Jahre den Verkäufer zu einem der teuersten gemacht haben.

Ihre Verhandlungsstrategie ist einfach: Suchen Sie einen anderen Verkäufer, der gewillt ist, die aktuellen Preise Ihres Lieferanten zu unterbieten. Wenn eine freundliche Diskussion mit Ihrem Lieferanten diesen nicht überzeugt, seine Preise zurückzunehmen, schafft es zumeist das Schreckgespenst von einem oder zwei Konkurrenten.

Wenn Sie glauben, dass diese Verhandlungstaktik Ihre persönliche Beziehung zum Lieferanten beeinträchtigen könnte, dann geben Sie dafür einer neuen Unternehmenspolitik die Schuld: Ihr Unternehmen benötigte jetzt zumindest drei konkurrenzfähige Gebote für jeden größeren Einkauf. Eigentlich sollten Sie die ganze Zeit über mit dieser Taktik arbeiten.

Der Politik die Schuld geben

F: Sie vertreten geschäftige, talentierte Klienten, die für die meisten der größeren Hersteller in den USA Nahrungsmittel und Marketingkonzepte entwickeln. Von Zeit zu Zeit sind Sie aufgrund von Abgabedruck und der Nichtverfügbarkeit des Klienten gezwungen gewesen, einen Vertrag für Ihren Klienten zu unterschreiben. Sie wissen, dass das dumm ist – weil es Sie für etwas verantwortlich macht, das nicht Ihrer Kontrolle unterliegt, vor allem die Leistungen Ihres Klienten bezüglich der Vertragsbedingungen. Aber wenn ein großer Kunde Sie unter Druck setzt, damit der Deal zustande kommt, dann haben sie das Gefühl, keine Wahl zu haben. Wie können Sie gleichzeitig Ihrem Kunden dienen und sich selbst schützen?

A: Wiederum, machen Sie die Politik dafür verantwortlich.

Bei IMG haben wir eine strenge Politik, die besagt, dass Klienten ihre Verträge selbst unterzeichnen. Wir denken, dass es äußerst wichtig ist, dass ein Klient die Möglichkeit hat, jede Übereinkunft, die seine Zeit, seine Dienste, seinen Namen oder sein Image in Anspruch nimmt, prüft, bevor sie zur Ausführung kommt, und der einzige Weg, um dies zu verifizieren, ist, dass er sie sieht und unterzeichnet. Ich weiß nicht, ob andere Repräsentanten ähnlich denken, aber wir sehen uns strikt als Agenten und nicht als die Hauptpersonen jeder Transaktion.

Das ist ein entscheidender Unterschied, den man nicht aus den Augen verlieren darf. Wenn Sie Monate damit verbracht haben, einem Kunden den Hof zu machen und ihm Ideen hinzuwerfen, und eines Tages schnappt er bei einer dieser Ideen zu, dann gibt es nichts Erfreulicheres, als ihm sagen zu können: »Sie haben den Deal!«

Aber Sie haben nicht wirklich die Macht, das zu sagen. Sie haben Ihre Autorität überschritten. Und Sie müssen sich auf einiges gefaßt machen, wenn der Klient zu diesem Deal, den der Kunde schon für abgeschlossen hält, nein sagt. Es gibt nichts Peinlicheres, als zurück zum Kunden zu müssen, um ihm zu sagen: »Wir haben den Deal doch nicht.«

Wenn der Kunde zuschnappt, dann sind Sie viel besser dran, wenn Sie sagen: »Vorausgesetzt, mein Klient stimmt zu, haben Sie den Deal.« Ich kann nicht sehen, inwiefern diese einfache Antwort Ihnen und Ihrer Glaubwürdigkeit schaden soll.

Das ernstere Problem ist hier der große Kunde, der Sie unter Druck setzt. Lassen Sie sich von der anderen Seite nicht in vorschnelle Deals hineindrängen. Sie sollten sich immer fragen – und es auch laut ausdrücken –, warum die andere Seite so in Eile ist. Meiner Erfahrung nach ist da sehr wenig, wenn ein Deal nicht ein paar Tage warten kann, bis Sie den Klienten aufgetrieben haben und ihm die Chance gegeben haben, die Übereinkunft zu prüfen. Wenn Sie nicht etwas Spezifisches über die Transaktion wissen, wird ein Deal, der am Montag gut aussieht, nicht auseinanderfallen, weil die Dokumente bis Donnerstag noch nicht unterschrieben sind.

Bleiben Sie hart bei harten Typen

F: Sie beginnen gerade mit einem Herren zu verhandeln, der dafür gefürchtet wird, sehr stur und hart zu sein. Wie würden Sie mit diesem angeblich harten Typen umgehen?

A: Zuerst müssen Sie feststellen, ob dieser Mann tatsächlich so hart ist, wie man von ihm sagt. Ist er bei jedem aggressiv und schwierig? Oder ist er bloß einer, der andere tyrannisiert, der nur dann den Kampf aufnimmt, wenn er weiß, dass er gewinnen kann?

Die Antwort auf diese Frage lehrt Sie, wie Sie weiter vorgehen müssen.

Im allgemeinen ist der Umgang mit solchen Menschen ziemlich einfach. Aber Sie müssen darauf vorbereitet sein, sie sehr früh zu attackieren.

Ich erinnere mich an ein Treffen mit einem bekanntermaßen schwierigen Manager des japanischen Fernsehens, dessen Desinteresse an Sport im allgemeinen und dessen Verachtung für Sportler im besonderen weithin bekannt war. Aber er erkannte, dass Sport ein wichtiger Teil seines Programmzeitplans war, und er benötigte unsere Hilfe. Meine Mitarbeiter erinnerten mich an seinen Ruf und rieten mir, sehr respektvoll mit ihm umzugehen.

Ich fuhr genau die gegenteilige Schiene. Aus allem, was ich über ihn gehört hatte, schien er der klassische Typ eines Menschen zu sein, der andere tyrannisiert – jemand der gewohnt war, seinen eigenen Weg zu gehen, weil sich niemand traute, ihm zu widersprechen. Von Anfang an ging ich auf Konfrontationskurs und erzählte ihm von allen Fehlern, die sein Unternehmen im Laufe der letzten Jahre gemacht hatte, und wie das hätte vermieden werden können, wenn er früher zu uns gekommen wäre.

Er protestierte mit dem Hinweis, dass man normalerweise nicht so mit ihm redete. Aber ich muss ihn sehr beeindruckt haben, denn die Diskussion die folgte, war herzlich, rationell und produktiv. Es wäre schön, sagen zu können, dass wir an diesem Tag als Busenfreunde und Geschäftspartner vom Verhandlungstisch weggegangen sind, aber das wäre zuviel verlangt von einem Treffen. Es brauchte noch zusätzliche sechs Treffen (alle viel einfacher zu arrangieren als das erste), bevor unsere Unternehmen begannen, zusammenzuarbeiten.

Gegen den allgemeinen Strom zu schwimmen kann auch funktionieren, wenn Sie es mit wirklich schwierigen Menschen zu tun haben.

Der normale Impuls beim Umgang mit harten Typen ist, es ihnen auf jedem Schritt des Weges mit gleicher Münze heimzuzahlen. Wenn sie stoßen, stoßen Sie härter zurück. Nachgeben ist ein Zeichen von Schwäche. Das Ziel ist, den anderen zum Wegsehen zu bringen.

Meiner Erfahrung nach ist das ziemlich dumm.

Vor einigen Jahren verbrachte ich ein Golfwochenende mit einem CEO eines Elektronikunternehmens. Er konnte Sportagenten überhaupt nicht leiden. Deshalb war es sehr schwierig, mit ihm umzugehen, und er hatte unser Unternehmen seit Jahren gemieden. Aber er und ich waren nun für drei Tage in Schottland zusammen, und ich wollte das Beste daraus machen.

Ich spielte die Rolle des netten Kerls. Ich sprach überhaupt nicht über Geschäfte. Ich lobte sein Golfspiel. Ich bat ihn um Rat bei bestimmten Schlägen. Als die Unterhaltung sich unserem Geschäft zuwandte, wollte ich mehr über ihn und sein Unternehmen erfahren. Bei allem ging es darum, ihm ein Gefühl der Wichtigkeit zu geben und seine Meinung über Agenten zu verändern. Es war keine Überraschung, dass es funktionierte. Dieses Wochenende half, eine sagenhafte Beziehung entstehen zu lassen – und kurze Zeit später begannen unsere Unternehmen zusammenzuarbeiten.

Behalten Sie diese beiden Beispiele bei Ihren Verhandlungen im Hinterkopf. Wenn Ihr Gegenüber so hart ist, wie allgemein behauptet wird, dann ist es besser, wenn Sie ihn gefügig machen. Wenn er bellt, aber nicht beißt, dann gibt es eine gute Chance, dass er nicht darauf vorbereitet ist, wenn Sie zuschnappen.

Der letzte Walzer

F: Seit Wochen kämpfen Sie mit einem neuen Kunden um ein Übereinkommen. Aber jedesmal, wenn Sie das Verhandlungsteam des Kunden dazu gebracht haben, einen Punkt zu akzeptieren, kommen die mit zwei anderen, die ungelöst sind. Wie durchbrechen Sie diese Verhandlungssackgasse?

A: Erste Option: Machen Sie eine Pause voneinander. Irgendjemand, hoffentlich die andere Seite, wird während dieser Abkühlungsphase etwas flexibler werden. Natürlich besteht auch die Gefahr, dass Sie den Kunden im Laufe dieser Pause verlieren.

Eine viel bessere Strategie: Bieten Sie an, einen oder mehrere Verhandlungsteilnehmer auszutauschen. Und bitten Sie sie, dasselbe zu tun. Oder ändern Sie das Aussehen Ihres Teams ohne Ankündigung. Es scheint ein ungeschriebenes Verhandlungsgesetz zu geben, dass die Mitspieler, die das Spiel begannen, es auch beenden sollen. Aber das ist dumm. Wenn Sie ein Fußballtrainer wären, würden Sie keinen Torwart im Tor behalten, der die Schüsse nicht abwehren kann. Sie würden ihn austauschen.

Dasselbe gilt für jede Geschäftstransaktion. Neue Gesichter ins Spiel zu bringen, kann einen völlig anderen Blick für das zu schließende Übereinkommen bringen. Schlimmstenfalls läuft es genauso schlecht wie zuvor.

Kontrollieren der Honorare

F: Die Honorare in Ihrem Unternehmen sind ins Unermeßliche gestiegen. Wie würden Sie sie kontrollieren?

A: Erstens, ändern Sie Ihre Haltung gegenüber den Anwälten. Einige Manager sehen im Anwalt ihren besten Freund und Helfer. Sie haben das Gefühl, ihren Anwalt in ihrer Nähe zu haben sei, als ob sie den Terminator an ihrer Seite hätten. Es gibt ihnen Vertrauen, kühne und gefährliche Dinge zu tun.

Mir nicht. Ich betrachte jeden Geschäftstag, den ich nicht mit einer juristischen Sache oder einem Anwalt zubringen muss (deren Chronometer, erinnern Sie sich dran, läuft ständig), als einen persönlichen Sieg. Damit die juristischen Kosten nicht weiter steigen, müssen Sie zunächst damit aufhören, Anwälte als persönliches Accessoire zu betrachten, und statt dessen in ihnen sehr teure Spezialisten sehen, die ihr letzter und nicht ihr erster Ausweg sind.

Der zweite Schritt ist einfach. Vermeiden Sie es, andere zu verklagen. Es gibt noch andere Wege, um einen Streit zu schlichten, als es einen Anwalt tun zu lassen. Viele der Lösungen verlangen von Ihnen vielleicht, einen Scheck für die andere Seite zu unterschreiben, aber dieser Scheck ist im allgemeinen sehr viel niedriger als der für den Anwalt.

Der dritte Schritt, wenn alles andere nicht funktioniert, ist, sich selbst daran zu erinnern, dass alles verhandelbar ist. Anwälte (und Doktoren) wollen Sie glauben machen, dass sie eine Ausnahme von dieser Regel sind. Aber das ist nicht wahr. Heute gibt es sehr viele Anwälte. Die Gesetze von Angebot und Nachfrage sollten Sie lehren, dass es ein Markt ist, der von den Käufern bestimmt wird.

Ein Anwalt wird nicht damit herausrücken, dass sein Honorar verhandelbar ist. Also müssen Sie nachfragen. Wird er sein Stundenhonorar verringern? Wird er für Ihren Fall einen Pauschalbetrag akzeptieren? Wird er ein mehrfach gestuftes Honorar akzeptieren, das vom Ausgang des Falles abhängt? Wird er seine Zeit gegen Dienste oder Produkte Ihrer Firma eintauschen? Sie wären erstaunt, wenn Sie erfahren, wie schnell Anwälte sich auf solche Vorschläge einlassen.

Die verräterische Spur

F: Es gibt einen Hinweis, der Ihnen sagen wird, ob Sie mit einem Profi oder mit einem Neuling verhandeln. Welcher ist das?

A: Die Antwort: wie die andere Seite mit Ruhe umgeht. Ein Profi spricht nur, wenn die Ruhe dadurch verbessert wird. Ein Amateur spricht zu viel, wahrscheinlich um das Vakuum zu füllen, das durch die Ruhe geschaffen wird. Wenn Sie die Gegenseite schnell einschätzen wollen, sitzen Sie einfach da und sagen nichts. Innerhalb von Sekunden haben Sie Ihre Antwort.

Wie bekomme ich meine Gehaltserhöhung?

F: Sie denken, Sie verdienen eine Gehaltserhöhung. Wie gehen Sie vor, um sie zu erhalten?

A: Die beste Strategie, aber nicht die einzige ist: Denken Sie über andere nach, bevor Sie an sich denken.

In den meisten Unternehmen stehen die Gehälter nicht im leeren Raum. Sie sind sorgfältig auf die einzelnen Mitarbeiter abgestimmt. Wenn Ihr Assistent 25 000 Dollar verdient, Sie 50 000 Dollar und Ihr Boss 75 000, dann wird eine große Erhöhung dieses delikate Gleichgewicht zerstören. Ihr Assistent wird sich betrogen fühlen, und Ihr Boss fühlt sich bedroht.

Wenn Sie es zuerst schaffen, dass Ihr Assistent mehr erhält, und Sie dann auch noch Ihrem Boss dabei helfen, dann steht Ihre Gehaltserhöhung von vorneherein fest. Sie erhöhen Ihre eigene Entschädigung wesentlich leichter, wenn Sie vorher die Gewinne der anderen auch erhöht haben.

Der ideale Deal

F: Was ist ein großer Deal?

A: Ein großer Deal ist, wenn Sie den richtigen Preis dafür bekommen – und die andere Seite nicht das Gefühl hat, dabei verloren zu haben.

Ein großer Deal ist, wenn Sie mit den einzelnen Verhandlungsphasen weder in Verzug kommen noch gestreßt oder zerstört werden – das heißt, Sie müssen nicht allzu viel von Ihrem Preis abgeben, um den Deal zum Abschluß zu bringen.

Ein großer Deal ist der Moment, wenn alle Verträge unterschrieben sind, die Bezahlung erfolgt ist – und beide Seiten dabei immer noch lächeln.